아이들 파는 나라

아이들 파는 나라

한국의 국제입양 실태에 관한 보고서

전홍기혜·이경은·제인 정 트렌카 지음

오월의봄

차례

국제입양의 숨은 주범,
국가를 고발합니다

가톨릭 사제의 아동 성추행 사건을 다룬 영화〈스포트라이트〉에서 피해자들의 변호사 개러비디언은 이렇게 말한다. "명심해요. 아이 한 명을 기르기 위해 온 마을이 필요하듯이, 아이 한 명을 학대하기 위해서도 온 마을이 필요합니다." 아이를 길러내는 것도, 아이를 학대하는 것도 마을의 책임이다. 우리가 속한 공동체의 범위를 더 넓혀보자면, 아이를 길러내는 것도, 아이를 학대하는 것도 궁극적으로 국가의 책임이라고 말할 수 있다.

입양 문제를 다룬 글을 쓰면서 이런 질문들을 받았다. 입양을 반대한다면 그 대안은 무엇인가? 국내입양을 원하는 부모가 적기 때문에 아이들을 입양 보내지 않으면 시설에서 살아야 한다. 이것이야말로 아동 학대가 아닌가? 장애 아동은 국내입양이 거의 되지 않는데, 그러면 당신이 장애 아동을 입양할 것인가? 해외로 입양되지 않았으면 한국의 '결손' 가정에서 자라서 제대로 교육받지 못하고 결국 빈곤층이 되었을 텐데, 입양된 것이 훨씬 잘된 일 아닌가? 아이를 학대하는 입양부모는 소수인데 왜 일부의 문제를 부각해 대다수 선량한 입양부모들에게 상처를 주는가? 왜 입양 가족의 상처를 배려하지 않는가?

분명히 말하지만 다른 사람이 낳은 아이를 기르는 일 자체가 가진 선한 의도를 폄훼하고자 하는 것이 아니다. 일부 입양부모의 문제를 끄집어내어 대다수 입양부모들에게 상처를 주고자 하는 것도 아니다. 오히려 어떤 측면에선 입양부모들도 현 입양 시스템의 피해자라고 생각한다. 자국의 아동을 국가 밖으로 내보내는 국제입양과 국내입양은 '국가의 책임성'이라는 측면에서 보면 차이가 매우 크다. 이 책은 주로 국제입양 문제를 다루고 있다. 이 책이 말하고자 하는 것은 아동 학대를 방치하는 궁극적인 책임자가 바로 '국가'라는 사실이다.

'입양'은 한 사람의 삶을 송두리째 바꾸는 매우 중요한 결정이다. 특히 국제입양은 아동이 태어난 가정과 문화, 국가라는 개인 정체성 형성의 기본 조건 자체가 바뀌는 일이다. 그러나 아동은 이 결정 과정에 참여하지 못한다. 태어난 가정에서 떨어져 나와, 출생 국가가 아닌 다른 나라로 이민을 가서, 생면부지의 부부를 새로운 부모로 맞아 그 가족의 일원이 되기까지, 국제입양의 행정 절차는 입양아동의 의사를 전혀 고려하지 않는다. 자신의 이익을 최우선으로 고려하여 결정하기에는 너무 어리다는 이유로 모든 결정권을 타인이 갖는다.

입양은 그 자체로 끝이 아니다. 입양아동에게는 본인이 선택하지 않은 새로운 환경에 적응하는 일이 과제로 주어진다. 전혀 다른 외모를 가진 가족 구성원들, 백인 부모(형제들)를 가진 동양인으로 살아가며 '나는 누구인가'를 끊임없이 자문해야 한다. 2002년 스웨덴의 국제입양아동에 관한 연구에 따르면, 입양인은 현지인보다 자살률이 3.7배 높고, 약물중독은 3.2배, 범죄 이력은 1.5배 높다. 또 결혼하는 비율도 현지인 56퍼센트 대비 절반인 29퍼센트, 취업률은 현지인 77퍼센트 대비 60퍼센트, 취업하더라도 입양인의 50퍼센트는 최저임금에 못 미치는 수입으로 살고 있다.

국제입양은 대한민국 정부 수립 이후 줄곧 '국가의 강력한 의지'가 개입한 사업이다. 그렇지 않고서 전 세계 국제입양인의 절반 가까이가 한국 출신이라는 현상은 일어날 수 없었다.

국제입양이 처음 시작된 이승만 정권 때는 국무회의에서 혼혈아동의 국제입양 촉진 방안을 논의했다. 박정희 정권 때는 복지부 장관이 '우리는 경제 발전을 이루기 위해 일부 아동을 포기할 수밖에 없다'며 미국의 입양부모들에게 감사 편지를 보냈다. 전두환 정권 때는 '이민 정책' 중 하나로 국제입양을 권장했다. 가장 많은 아동이 해외로 입양되던 해인 1985년 8천837명이 해외로 나갔는데 그해 태어난 아동의 1.3퍼센트에 해당하는 숫자다. 전두환 정권 중 5년 동안 한 해 출생아 수의 1퍼센트가 넘는 아동을 해외로 입양 보냈다. 한국을 제외하고 한 해 출생아 수의 1퍼센트가 넘는 아동을 해외로 입양 보낸 나라는 중남미의 빈국 과테말라다.

어떤 아동을, 어떤 부모에게 입양 보낼 것인가를 결정하고 책임지는 일에서 국가는 빠져 있다. 한국은 입양 전 과정을 민간 입양기관에 전적으로 위탁해서 운영해왔다. 입양 상담부터 결연, 사후 관리까지 모든 과정을 입양기관이 전담하다 보니 정부가 이 기관을 관리, 감독조차 제대로 하지 못하는 실정이다. 정부가 입양기관보다 아는 게 없으니 감시를 제대로 하지 못하고, 종이호랑이 신세가 된 정부의 말을 입양기관이 듣지 않는 상황이 지난 수십 년이다.

입양과 관련된 사실상의 권한과 책임을 민간기관이 맡다 보니, 입양과 관련된 법과 제도를 만드는 과정에서 입양기관이 영향력을 발휘했다. 한국은 입양부모가 아동의 출생 국가에 오지 않아도 입양이 가능한 사실상 '대리입양', '우편 주문

입양' 제도가 2013년까지 유지된 나라다. 앞서 언급한 과테말라도 2008년 가입한 헤이그국제입양협약(이하 헤이그협약)에 한국은 2021년에도 가입하지 못하고 있다. 1993년 헤이그국제사법회의에서 국제입양의 절차와 요건을 규정한 국제조약인 헤이그협약은 아동이 태어난 원가정 보호를 최우선으로 하고, 원가정 보호가 불가능할 때는 국내에서 보호 가능한 가정을 찾고, 국제입양은 최후의 수단으로 검토할 것을 원칙으로 한다.

입양에서 국가의 역할과 책임이 부재할 때 발생하는 또 다른 중요한 문제는 입양과 다른 사회복지제도가 분리 운영된다는 점이다. 한국에서 입양은 요보호아동要保護兒童을 위한 중요한 복지제도 중 하나지만, 공적인 사회복지제도와 별개로 운영되는 실정이다. 그러다 보니 친생모가 입양기관을 찾아가 상담할 경우, 입양이 아닌 다른 선택지를 안내받기 어렵다. 공적인 사회복지제도 밖에서 입양제도를 운용하는 것은 당면한 입양제도의 근본적 문제점이다.

이 책의 목적은 입양인, 입양부모 뒤에 숨은 국제입양의 적극적인 행위자인 '국가'를 고발하는 데 있다. 이제는 70년간 20만 명의 아동을 해외로 입양 보낸 국가에 책임을 물어야 한다. 대한민국은 혼혈아동, 미혼모의 자녀들, 장애 아동, 빈곤 가정의 자녀를 자국의 사회복지시스템 안에 품지 않았다. 세계 어느 나라보다 빠른 속도로 이룩한 경제성장의 이면에는 대한민국 국민에서 배제된 이들의 아픔이 있다. 약자를 배제한 이데올로기와 시스템은 더 큰 고통을 지속적으로 양산하고 있다. 2021년 현재 대한민국이 '아이가 올 수 없는 나라'가 된 연원은 1955년 엄마 품에서 억지로 떼어내어 비행기에 태워 보낸 혼혈아동의 눈물에서 시작한다.

입양인,
대한민국 정부에
책임을 묻다:

국제입양인 아담 크랩서 인터뷰

입양인 아담 크랩서Adam Crapser(한국 이름 신성혁) 씨는 2019년 1월 24일 대한민국 정부와 자신을 입양 보낸 입양기관을 상대로 소송을 제기했다. 국제입양인이 한국의 입양 시스템에 문제를 제기하며 소송을 제기한 것은 1953년 국제입양이 시작된 이래 처음 있는 일이다.

아담은 지난 1년간 민주사회를 위한 변호사모임(이하 민변) 아동 인권위원회 변호사들과 수차례 상담을 한 뒤, 정부와 입양기관을 상대로 자신이 겪어온 고통에 대한 책임을 묻기로 했다. 그는 대한민국과 입양기관의 책임을 사법적으로 확인받아 자신과 같은 피해자가 다시는 나오지 않기를 바랐다. 국제입양과 파양, 국외 추방에 이르기까지, 굴곡진 그의 삶을 헤아리면 이 소송의 정당성을 납득할 수 있다.

당신은 자살로 내몰리는 삶을 아는가

아담 크랩서 씨는 만 3세인 1979년, 누나와 함께 미국으로 입양되었으나 41세인 2016년 한국으로 추방당했다. 부유한 나라에서 더 좋은 교육을 받고 잘 살 수 있을 것 같았지만, 양부모는 그를 때리고 학대했다. 그는 16세에 두 번째 양부모에게 버려져 노숙자로 살았다.

그는 양부모의 불찰로 시민권 취득 신청과 영주권 재발급 신청을 하지 못해 불법체류자가 되었고, 불법체류자의 신분을 뒤늦게 알고 영주권을 받으려다 과거의 범죄 이력이 드러나면서 추방 재판에 회부되었다. 아담이 미국 시민권을 얻지 못한 것은 그의 어린 시절을 짓밟은 어른들의 잘못이지만, 그 책임은 어른이 된 아담의 몫으로 남았다. 이런 부조리는 비단 아담만이 겪는 일이 아니다. 미국 국제입양인 중 3만 5천여 명이 시민권을 획득하지 못했고, 이들 중 1만 9천여 명이 한국 출신 입양인이다.

아담에게 한국에서의 삶은 '자살하고 싶은 생각이 없지만, 하루하루 자살로 내몰리는 삶'이었다. 미국에서도 유색인으로 이방인 취급을 받았던 그는 한국에서도 '한국 사람처럼 보이나 한국말을 하지 못하는 이상한 사람'이었다. 37년을 한국과 유리된 채 살던 이방인이 갑자기 한국에서 독자적인 생계를 꾸리며 살 수 있겠는가. 그가 친어머니를 만났다고 모든 문제가 해결될 리 없었다. 아담의 삶은 한국 정부가 국제입양을 얼마나 허술한 시스템하에 자행했는지 보여준다. 한국 정부는 국제입양의 장밋빛 환상만 퍼뜨렸을 뿐, 국가라면 마땅히 갖추어야할 법과 제도를 만들 의무는 철저하게 외면해왔다.

아담이 태어난 지 얼마 안 돼 다리가 불편한 그의 어머니는 아버지에게 버림받았다. 어머니는 두 아이를 돌보는 것이 너무 힘들어 친척의 소개로 제천 영육아원에 아이들을 맡겼다. 보육원에서는 어머니에게 아이들을 미국으로 입양 보낼 것을 권유했다. 아담은 여전히 그 상황을 납득하기 어렵다.

그들(고아원[1]과 입양기관)이 왜 그렇게 서둘러 입양 결정을 내렸는지 궁금하다. 나는 엄마와 떨어져 지내는 것을 힘들어했다. 고아원에서 누나는 다른 아이들과 잘 지냈으나 나는 그렇지 못했다. 그들은 어떻게 이런 내가 새로운 나라에 가서, 새로운 부모와 지내는 게 더 좋을 것으로 판단했을까?

한해 수천 명의 국제입양인이 발생한 1970~1980년대는 입양을 위해 '고아'가 만들어지던 때다. 아담과 그의 누나의 입양 결정 과정은 이를 잘 보여준다. 아담과 그의 누나는 홀트아동복지회(이하 홀트)를 통해 입양되었다. 홀트는 아담 남매의 모든 가족관계를 무시하고 '기아 호적(고아 호적)'을 만들었다. 홀트는 이 호적에 그의 한국 이름을 '신송혁'으로 기재했는데, 2016년 그가 친어머니를 만났을 때 비로소 그의 한국 이름이 '신성혁'이라는 사실이 밝혀졌다. 기아 호적은 국제입양을 보내기 위해 실제로는 고아가 아닌 입양아동을 서류상 '고아'로 만드는 과정 중 하나였다.

나는 '서류 고아paper orphan'였다. 입양기관은 내 엄마를 알았

---

1   이 책에서는 '고아'들을 양육하는 집단 시설을 지칭하는 용어를 '고아원'으로 통일했다. '보육원', '보육시설' 등의 용어가 통상적으로 상용되지만 미취학아동의 보육시설인 '어린이집'과의 혼동을 막고, 한편으로 '고아원'을 미화하려는 의도를 차단하기 위해 '고아원'이라는 용어를 사용했다.

고, 친척들의 존재도 알았다. 나는 고아가 아니었고, 버려지지 않았다. 그들은 엄마가 우리를 키우고 싶어 하는 것을 알았고, 의료상의 문제도 알았다. 그들은 엄마에게 우리를 키울 수 있는 용기를 주고 상담하는 것을 먼저 했어야 했다. 우리를 120일 만에 국제입양을 보내는 게 아니라. 나는 2살 위인 누나와 일종의 '패키지'였다. 첫 번째 양부모는 이미 한 명의 한국 여자아이를 입양하기로 한 상태에서 누나와 나를 골랐다. 그들은 우리를 한 번도 본 적이 없고, 사진을 보고 입양을 결정했다. 반려동물 사진을 보고 '너무 귀여워'라고 결정하는 과정과 크게 다르지 않았다. 입양기관이 제공한 사진과 정보에 내가 보육원의 다른 아이들과 싸운다거나 어른들과는 전혀 얘기하지 않는다거나 아직 용변을 가리지 못한다는 사실 따위는 들어있지 않았다.

학대와 세 번의 파양, 노숙자로 추방당하기까지

미시간주에 사는 라이트 부부는 아담과 그의 누나를 입양했다. 네 명의 친자녀를 둔 첫 번째 양부모는 종교적 선교의 차원에서 세 명의 한국 아이를 입양했다. 당시 미국의 중산층 기독교 가정에서 한국 아이를 입양하는 것은 일종의 유행이었다. 아담은 "이웃 중 다섯 가정이 한국 아이를 입양했다"라고 말한다.

안타깝게도 첫 번째 양부모는 좋은 사람들이 아니었다. 양부모는 아담을 가죽 벨트로 때리고 지하실에 가두어 학대했고, 아담의 누나는 라이트 부부의 친자에게 성추행을 당하기도 했다. 이들 부부는 5년 뒤 직장을 옮겨 오리건주로 이사를 하면서 아담과 누나를 지역 사회복지기관에 맡겼다. 첫 번째 입양이 실패하고 두 아이는 사실상 버려졌으나, 입양기관과 사회복지기관은 적절한 조처를 취하지 않았다.

오리건주는 우리의 후견인이 되었다. 당시 나는 10살이었다. 시민권 문제와 관련해 내가 이상하게 생각하는 건, 그때 왜 내가 다시 한국으로 보내지지 않았냐는 점이다. 홀트코리아와 홀트인터내셔널은 첫 번째 입양 이후 아무것도 하지 않았다. 첫 번째 입양 실패 후 입양기관이나, 나를 인계받은 사회복지사 중 누구 하나는 '이 아이는 미국 시민권이 없고, 한국 국적을 갖고 있고, 미국에서 힘든 시간을 보냈다. 한국으로 돌려보내자'라고 해야 했다. 이 시기에 누나와 내가 헤어졌다.

첫 번째 입양 실패 후 아담과 누나는 각각 다른 가정으로 보내졌다. 두 번째 가족은 좋은 사람들이었지만 부부가 이혼하는 바람에, 그 가정에 입양될 수 없었다. 다시 오리건주의 사회복지시설에 맡겨진 아담은 세 번째 가정, 크랩서 부부에게 입양되었다.

첫 번째 양부모도 그를 학대했지만, 크랩서 부부에 비할 바가 아니었다. 양부는 아담의 목을 조르고, 머리를 벽에 짓이기고, 양손을 묶고, 손을 뜨거운 물에 억지로 집어넣으라고 하고, 입에 더러운 속옷을 쑤셔 박고, 11월 중순에 수영장에 빠뜨리고, 오줌이 든 변기에 머리를 처박았다. 그들은 이 모든 과정을 '재미'로 즐겼다.

톰(양부)은 정말 영리한 사람이었다. 그는 모든 일에 화가 나 있었다. 그는 법을 피해 가는 법을 알았다. 크랩서 부부는 멕시코 아동, 필리핀 아동, 흑인 아동, 한국 아동을 입양하거나 위탁해서 키웠지만, 심각한 인종차별주의자였다. 그들이 우리를 입양한 건 '돈' 때문이었다. 나처럼 입양에 실패하거나 학대의 경험이 있는 아동은 하드케이스로 따로 분류돼서 많은 지원금을 받았다. 그들은 아이들을 돌보는 것만으로도 1억 원 이상을 벌었다. 그 돈으로 양모는 밍크코트를 사 입었다.

그 집에 폴과 에릭이라는 이름의 아이들이 있었다. 이들은 각각 아홉 살과 열 살이었다. 톰은 어느 날 두 아이에게 서로 때리라고 시켰다. 그들은 어쩔 수 없이 서로 때렸다. 그들의 얼굴은 엉망이 되었지만, 톰은 계속 지켜보기만 했다. 우리는 보면서 다 울었다. 시슬리라는 아이가 있었는데, 톰은 시슬리를 성적으로 학대했다. 벽에다 못을 박는 총을 다리에 쏘기도 했는데, 시슬리는 울지도 못했다. 그는 사이코패스다.

영리하고 인맥과 영향력이 있었던 크랩서 부부는 지역 언론에 모범적인 입양 가정으로 소개되기도 했다. 크랩서 부부의 아동 학대는 1991년 위탁 아동 중 한 명이 친부모에게 학대 사실을 알리면서 외부로 드러났다. 아담과 친자녀를 제외한 아동들은 사회복지기관으로 돌아갔고, 궁지에 몰린 양부는 아담에게 유리한 증언을 해달라고 매달렸다. 이들은 강간 3건, 강간 미수 1건, 학대 14건, 폭행 2건 등으로 기소되었으나 재판 기간인 3개월간 투옥되었다가 5천 달러의 벌금형을 받고 풀려났다. 재판이 끝난 뒤, 아담은 길거리에 버려졌다. 그는 세 가정에 입양 또는 위탁되었다가 세 번 모두 버림받았다.

2012년 입양특례법이 개정되면서 2013년 가정법원을 통한 입양 재판을 시작하기 전까지, 한국 아동들은 엄밀히 말하면 입양을 간 게 아니었다. 입양기관이 보건복지부를 통해 입양 대상 아동의 이주 허가를 받고 한국 밖으로 내보낸 것이다. 이들은 한국 여권에 미국 비자(IR-4 비자)를 받고 입국했다. '미국 시민에 의해 미국에서 입양될 예정인 고아orphan to be adopted in U.S. by U.S. citizen'를 의미하는 IR-4 비자를 받고 입국한 아동의 입양부모에게는 2년 동안의 후견권이 주어진다. 양부모가 주 법원에서 입양 재판을 별도로 해야 법적인 양부모가 되며, 입양이 완료된다. 이 과정을 거쳐야 입양아동은 미국 시민권을 갖는다. 많은 양부모가 이런 과정을 거치지 않기 때문에 입양인 시민권 문제가 발생한다. 그렇게 아담은 열여섯 살에 노숙자로 전락한다.

크랩서 부부의 집에서 쫓겨날 때, 아담은 거의 빈손으로 나왔다. 생존하려고 온갖 궂은 일을 하던 그는 미국으로 처음 입양될 때 가져온 한국어 성경책 등 소지품을 찾기 위해 그 집에 갔다가 주택침입죄로 기소돼 25개월간 징역을 살았다. 당시 크랩서 부부는 반지 등 귀중품이 없어졌다고 거짓으로 증언했고, 아담에게 유죄를 인정하면 18개월 보호관찰로 처벌이 끝날 것이라고 거짓말했다. 이 사건은 아담이 미국에서 추방당하는 결정적 요인이었다.

만료된 영주권, 애당초 없었던 시민권

아담은 누나와 27년간 헤어져 지내다가 2011년 다시 만났다. 누나를 만나기 전까지 그는 시민권이 없다는 사실을 몰랐다. 다행히 그의 누나는 미국 시민권자로 교육의 혜택을 받을 수 있었다.

누나가 자신의 입양 관련 서류를 보여줬다. 우리가 고아원에 있을 때 사진이 붙은 귀화증명서Certificate of Naturalization였다. 내가 그것을 갖고 있지 않다고 하자 누나는 문제가 될 것 같다고 걱정했다. 당시 누나의 파트너가 변호사였는데, 내가 가진 서류를 같이 살펴보고 내가 미국 시민권자가 아니며, 영주권도 양부모 중 누구도 연장해주지 않아 이미 만료된 상태라고 말했다.
영주권을 다시 얻는 걸 먼저 하는 게 좋겠다고 해서 누나와 함께 이민국에 갔다. 누나는 내가 갖고 있지 않은 (입양 관련) 자료도 갖고 있으니까. 영주권을 다시 얻는 과정에서 과거 범죄 이력을 신고해야 했다. 결과적으로 이 일이 추방당하는 계기가 되었다. 만약 내가 영주권 신청을 하지 않았다면, 여전히 만료된 그린카드를 갖고 미국에 있었을 가능성이 크다. 이민국에서 내가 누구인지, 어떤 범죄를 저질렀는지 모르니까. 이민국은 6개월 뒤에 내게 10년짜리 영주권을 발급했다. 나는 2022년까지 유효한 미국 영주권을 갖고 있다.

아담이 성인이 된 이후에도 첫 번째, 두 번째 양부모의 괴롭힘은 이어졌다. 자신들이 학대한 아이가 자라 성인 남성이 되자 양부모들은 아담이 자신들에게 복수할지도 모른다는 공포에 시달렸다. 아담이 감옥에서 출소했다는 소식을 들은 첫 번째 양부모는 아담을 상대로 '접근금지 명령'을 신청했다. 14년 동안 얼굴 한 번 본 적 없어 길에서 마주쳐도 몰라볼 이들이었다.

크랩서 부부는 아담에게 그의 입양 서류를 끝까지 건네주지 않으려 했다. 영주권 신청을 위해서는 입양 서류가 필요했다. 아담은 절박한 마음에 서류를 주지 않으며 그들의 집 앞에서 자살하겠다고 으름장을 놓자, 크랩서 부부는 마지 못해 서류를 건네주었다.

서류를 받고 아담은 망연자실했다. 홀트에서 받은 서류와 크랩서 부부에게서 받은 서류의 내용은 같았다. 양부모들은 입양 후 마땅히 거쳐야 하는 시민권 취득 절차를 위한 어떤 조치도 하지 않았다. 양부모와의 '악연'은 그의 추방 재판에도 영향을 끼쳤다고 아담은 생각한다.

영주권 신청 과정에서 과거 범죄 경력이 드러난 아담은 국토안보부에 의해 추방 재판에 부쳐졌고, 2016년 2월 이민세관단속국^{ICE} 구치소에 갇혔다.

라이트 부부는 내가 아홉 살 때 폭력적인 성향을 보였다고 국토안보부Department of Homeland Security에 증언했다. 그 나이의 어린아이가 얼마나 폭력적인 성향을 보일 수 있었을까? 내가 특별히 기억할 만한 일은 없었다. 모르겠다. 그들이 무엇을 근거로 그렇게 말할 수 있는지. 추방 재판 담당 변호사는 매우 승소율이 높은 변호사였다. 나보다 훨씬 중범죄를 저지른 이들도 추방 취소 신청이 받아들여졌다. 그래서 나도 취소 신청이 받아들여질 줄 알았지만, 내겐 추방 결정이 내려졌다.

아담은 추방 재판에서 자신이 입양아 출신이기 때문에 시민권을 획득하지 못했으며, 과거 범죄 이력도 양부모의 학대와 연관된 것이라는 사실이 고려되지 않았다고 생각한다. 오히려 검사는 그의 입양 서류와 관련해 "고아가 아니면서 고아 비자로 입국한 것은 불법"이라면서 미국에 불법 입국한 것을 문제 삼았다. 세 살 때 입국한 아담의 출생 기록이 잘못된 것은 그가 책임질 일이 아니라 그를 돌보던 어른들의 잘못이다. 특히 고아가 아니었던 그가 '고아 호적'으로 입국한 것을 불법으로 본다면, 한미 간 국제입양 대다수가 불법이다.

미연방 이민법원은 2016년 10월 24일 아담의 추방 취소 신청에 최종 기각 결정을 내렸다. 아담은 한 달도 채 지나지 않은 그해 11월 17일 이민세관단속국 직원과 함께 인천국제공항에 도착했다. 한국을 떠날 때도 자신의 의지와 무관한 것이었는데, 38년 만의 귀환도 그가 원치 않은 것이었다.

시민권 문제와 관련해 내가 혼란스러운 것은 미국 정부, 한국 정부, 홀트 모두 현재의 모든 문제를 내 책임인 것처럼 만든다는 것이다. '너는 그때 모든 것을 이해하고, 그렇게 해야 했다'라는 식의 태도다. 나는 그때 세 살 반이었다.

추방입양인의 현실과 난제

그에게 추방은 사실상 '이중 처벌'이다. 아담은 과거 자신이 저지른 범죄에 죗값을 치렀다. 그런데 미국 시민권자가 아니라는 이유로 '추방'이라는 또 다른 처벌을 받아야 했다. 미국 사회는 '이민 사회'다. 영국 이민자들이 독립해 국가를 만들었고, 이후 미국 사회가 이민자들을 받아들여 그들의 활약으로 지금의 경제성장이 가능했다. 미국은 철저히 자신들이 원하는 이들을 선별적으로 받아들였다. 어린 '고아' 신송혁은 당시 미국이 선호하는 이민자였으나, 미국에서 학대당하고 살아남은 '아담 크랩서'는 추방 대상 이민자가 되었다.

한국으로 추방될 때 아담은 한국말을 전혀 몰랐다. 그는 38년간 미국 이외 다른 나라를 가본 적이 없었다. MBC 다큐멘터리[2]를 통해 찾은 친어머니가 그와 한국을 연결하는 유일한 고리였다. 본국이라고 하지만 평생을 미국에서 살아온 아담에게 한국은 다른 나라와 마찬가지로 낯선 땅이었다.

한국에서 시작한 삶은 절대로 평탄치 않았다. '한국말을 못하는 한국 국적을 가진 성인 남성'으로 한국에서 살아가는 것은 절망적이었다. 아담은 누구보다 살고자 하는 의지가 강하지만 하루하루 자살로 떠밀려가는 현실이 지금도 개탄스럽다.

---

2   MBC 다큐멘터리 〈사랑〉, '내 이름은 신성혁' 편.

한국 사람처럼 생겼는데 왜 한국말을 못하는지, 이런 일은 내가 병원에 갈 때, 상점에 갈 때, 운전면허 시험을 볼 때, 매번 벌어지는 일이다. 나는 한국말을 모르기 때문에 그들이 왜 그런 소리를 내는지 모른다. 그들은 연신 혀끝으로 '쯧쯧' 하는 소리를 낸다. 공항에서 한국말을 못하니까 내게 외국인 창구로 가라고 하더라. 그런데 나는 한국 여권을 갖고 있었다. 내가 미국 여권을 갖고 있으면 아무 문제가 안 되지만, 미국 여권을 갖지 못한 건 내 잘못이 아니다. 이게 내가 현재 처한 위치다. 나는 어떤 근거도 없이 바보로 살고 있다. 나는 한국에서 매일매일 황혼기다. 오늘 무슨 일이 일어나는지, 내일 무슨 일이 일어나는지 그저 앉아서 쳐다볼 뿐이다.

아담은 미국에서 집수리, 차 정비 일을 했고, 이발소도 직접 운영했지만 한국에서는 직업을 구하는 게 쉽지 않다. 이사 갈 집을 구하는 것, 하다못해 고장 난 보일러를 고치는 것까지도 한국어라는 장벽이 가로막았다. 그 어떤 것보다 그를 고통스럽게 하는 것은 미국에 있는 아이들이다. 그는 미국에 부인과 사이에 세 명의 아이가 있는 가장이다.

아담은 추방 재판 과정에서 "내 아이들만큼은 아버지

인터뷰 중 눈물을 흘리는 아담 크랩서.

없이 자라지 않도록 무엇이든 할 테니 미국에 남을 수 있도록 해 달라"고 호소했지만 받아들여지지 않았다.

나는 추방입양인 중 유일하게 자녀가 있는 사람이다. 나는 태어난 가정으로부터 강제로 분리되었다. 이제 내가 만든 가족으로부터도 강제 격리되었다. 아이들을 거의 2년 만에 만났다. 태어난 지 얼마 안 돼 헤어진 막내는 내가 누구인지 몰랐다. 나는 아이들에게 책임이 있는데, 어떤 것도 할 수가 없다.

아담의 고충 중 하나는 한국 사회가 입양인에게 갖는 고정된 시각이다. 아담이 친어머니를 만났다고 모든 것이 해결되는 것은 아니었다. 그는 성인이자 가장이기에 독립적인 삶을 꾸려야 했다. 정부 부처와 입양기관은 성인이 된 입양인을 여전히 '아동' 취급하고 있다고 아담은 말한다. 아담과 같이 성인이 되어 돌아온 입양인들의 문제는 세 살짜리 아이처럼 엄마를 만난다고 해피엔딩으로 끝날 수 있는 일이 아니다.

아담을 포함한 추방입양인(위기 입양인)에 대한 지원은 보건복지부 산하 중앙입양원(현 아동권리보장원)에서 맡고 있다. 지난 2016년 중앙입양원 및 입양단체 등 사후 관리

지원 예산은 47억9천백만 원이었다. 이중 상당 금액이 중앙입양원 직원들의 인건비로 지출되고, 국외 입양인들의 모국 방문 사업 등에 지출된다. 아담과 같은 위기 입양인 지원은 대상자가 많지 않기 때문에 후순위로 밀려난다.

아담을 포함한 추방입양인들을 보면, 한국 사회가 과연 이들의 정착을 도울 수 있을지 근본적인 의문이 든다. 친생부모와의 결별, 양부모의 학대, 성인이 된 뒤의 추방이라는 극단적 처벌 등을 겪으며 이들은 정신적 트라우마를 경험한다. 이들을 이해하고 치료하려면 영어로 의사소통할 수 있어야만 하고, 미국의 사회와 문화를 이해해야 한다. 아동 학대를 이해하고 공감하는 능력도 필요하다. 한국에서 이런 조건을 갖춘 정신과 의사나 심리상담사를 찾을 수 있을까?

한국에 있는 추방입양인들의 근황을 보면 이런 의문은 더 커진다. 2011년 한국으로 추방된 A 씨는 한국에서 정신병원과 감옥을 오가며 살고 있다. 또 다른 추방입양인 B 씨는 장난감 총을 들고 은행을 털려다 잡혀 감옥에 갔다. 2009년 추방당한 한호규 씨는 이태원의 한 식당에서 일하고 있지만 고시원에서 지내며, 편의점 음식으로 끼니를 때우는 등 경제적 고통을 겪고 있다. 다른 추방입양인 필립 클레이 씨는 2017년 5월 자살했다. 현재 중앙

2017년 7월 13일. 필립 클레이(김상필) 씨의 유골을 미국의 양부모에게 인도하기 전. 필립을 위한 작은 추도식이 열렸다.

입양원(현 아동권리보장원)에서 파악하고 지원하는 추방입양인은 5명이다.

한국 사회는 성공한 입양인들과 대화하고 그들의 이야기만 듣고 싶어하는 것 같다. 추방입양인 문제를 접한 지 십수 년이 지났지만 얼마나 달라졌을까? 매일매일 다른 이름을 쓰는 건 참, 사람을 미치게 만드는 일이다. 아담은 내 이름이다. 지금도 가까운 사람들은 다 그렇게 부른다. 하지만 한국의 주민등록증과 운전면허증, 여권에 그 이름을 쓸 수는 없다. 아담 라이트, 아담 코먼(위탁 가정에 있었을 때 이름), 아담 크랩서, 신송혁(홀트가 잘못 기재한 기아 호적상의 이름. 아담은 친어머니를 만나기 전까지 이 이름이 본인의 한국 이름인 줄 알고 있었다), 신성혁…… 내가 가졌던 이름들이다. 진짜 나는 누구인가?

아담 크랩서 씨와의 이 인터뷰는 2017년 10월 25일 진행되었다. 세 시간 넘게 영어로 진행된 이 인터뷰에서 그는 미국에 있는 자녀들을 얘기하며 끝내 눈물을 보였다.

민변, "대한민국의 입양법 자체가 위법이다"

아담의 소송을 대리하고 있는 민변이 아담의 입양 사례에서 법적으로 문제로 삼고 있는 지점은 크게 네 가지이다.

① 입양기관은 입양아동의 국적 취득을 사후 확인할 법적 의무를 방기했다

아담은 1979년 홀트아동복지회를 통해 미국으로 입양되었지만, 양부모로부터 정신적 신체적 학대를 당했으며, 1차 입양 가정 부모의 변심으로 파양당한 후 시설과 위탁 가정을 전전해야 했다. 그는 어렵게 2차 가정에 입양되었으나 또다시 심각한 정신적 신체적 학대를 경험했다.

이 과정에서 한국 정부와 입양기관은 입양아동에 대한 사후 관리를 전혀 하지 않았다. 민변은 "피고는 보다 근본적으로는 원고가 미국 시민권을 취득했는지 확인하고 취득하지 못했다면 국적 취득을 위해 조치할 법적 의무도 전혀 이행하지 않았다"라고 밝혔다. 입양기관이 입양특례법 등을 통해 강제하고 있는 법적 의무를 저버렸다는 지적이다.

따라서 아담이 미국 국적을 취득하지 못한 책임이 정부와 입양기관에도 있다는 것이다. 민변은 "원고는 40여 년 만에 살던 곳에서 강제로 추방당하고 주거지를 이전당하는 강제추방을 겪어야 했다"라며 "원고와 같이 국적을 취득하지 못한 채 국적 불명 상태로 불안정하게 방치된 국제입양인은 현재 약 2만 명에 이른다"라고 덧붙였다. 이들은 "원고와 같이 한국으로 추방되는 국제입양인 사례 또한 반복적으로 발생하고 있다"라며 지난 2017년 또 다른 추방입양인인 필립 클레이 씨가 자살한 비극을 언급하고 추방 문제의 심각성을 강조했다.

② 입양기관은 '친모'의 존재 알면서도 '고아 호적' 만들어 입양 보냈다

민변이 두 번째로 문제 삼고 있는 지점은 입양 당시 상황이다. 민변은 "A 기관은 원고의 국제입양을 추진할 당시 원고에게 친부모가 있다는 사실을 분명히 인지하고 있었다. 그런데도 A 기관은 원고에 대하여 허위로 '기아 호적'을 만들어 미국으로 입양 보냈다"라고 밝혔다.

민변은 "입양절차를 간소화하고 고아를 선호하는 입양부모들에 맞추어 보다 쉽게 미국으로 입양 보내기 위해 만연했던 관행으로, 당시 형법 및 입양 관련법을 위반하는 행위"라고 강조했다.

③ 대한민국의 입양 관련법 자체가 위헌, 위법한 제도

문제는 이처럼 위법하다고 볼 수 있는 행위가 국가의 '승인' 아래 진행되었다는 것이다. 민변은 "국가는 위와 같은 A 기관의 위법행위에 대해 어떠한 관리, 감독도 하지 않았다"라며 "오히려 대한민국은 A 기관이 양부모를 대신하여 입양절차를 전적으로 대행할 수 있도록 하는 이른바 '대리입양제도'를 법적으로 설계, 허용했다"라고 문제를 제기했다.

민변은 "이에 따라 당시 미국에서 한국 아동을 입양하고자 하는 미국인 부부는 한국에 방문할 필요 없이, 아동을 한 번도 만나지도 않은 채 한국 입양알선기관의 대행을 통해 모든 입양절차를 진행할 수 있었다"라며 "대리입양제도는 헌법상 기본권인 인권의 존엄과 가치, 행복추구권을 침해하고, 입양 및 아동 복지 관련 법에서 목표로 삼는 아동의 안전과 복리를 저해하고, 우리 헌법 및 국제인권조약에서 강조하고 있는 아동 이익 최우선의 원칙에 반하는 것으로 위헌, 위법한 제도"라고 주장했다. 이들은 "대한민국은 A 기관의 위법한 입양에 조력함으로써 A 기관과 함께 원고를 비롯한 국제입양아동들을 아동 학대 등 위험에 방치했다"라고 말했다.

④ 과도한 입양수수료, 무리한 입양 추진의 원인

민변은 한국의 "위헌, 위법한 입양제도"를 기반에 두고 국제입양이 국가와 입양기관의 필요 때문에 지나치게 확대되었다고 인식했다. 민변은 "1958년부터 2012년까지 미국으로 입양된 입양인 수는 11만 1천148명으로 추정된다. 위법한 수단까지 동원하여 무리하게 국제입양을 추진한 원인 중 하나로 한 아이 당 상당한 수준의 입양수수료(2009년까지 1인당 국민소득을 웃도는 수준)가 입양알선기관에 지급된 점이 지적됐다. 이런 배경에서 한국의 국제입양제도가 산업화되었다는 비판이 국내외 학계와 언론에 의해 제기되었다"라고 언급했다.

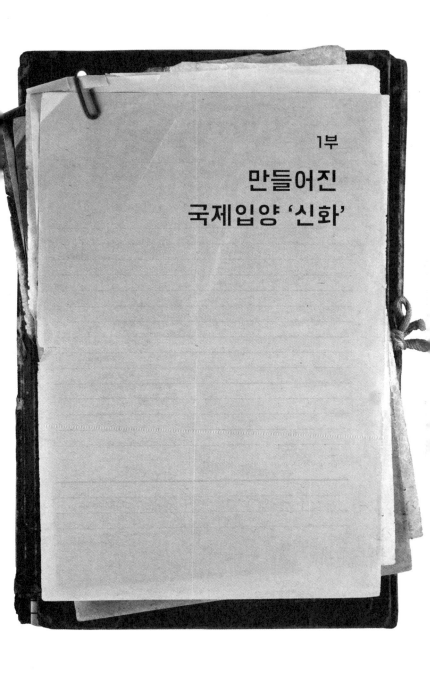

1부

만들어진
국제입양 '신화'

1. 누가 해외로 입양되는가?

한 불쌍한 생모는 사무실에서 발작을 일으켰다오.
아이 엄마는 아이가 미국으로 간 뒤에도 만날 수
있을 것을 기대했으나 인연을 완전히 끊어야 한다는
말에 절망했다오. 참으로 불쌍한 여인이오.
아기는 아직 젖도 못 뗀 상태인데 그 어린 것을
단념해야 한다는 생각에 울고 또 울었소.
─해리 홀트가 부인에게 보낸 편지 중에서[1]

이승만 정권의 '혼혈아 청소'와 고아 만들기

한국의 국제입양은 1953년 이승만 정권 시절에 시작
되었다. 한국 아동이 최초로 국제입양된 나라는 미국이
아니라 시리아다. 세계보건기구WHO 직원으로 한국에서 전
쟁 피란민을 돕던 시리아인 의사 파살아르드 박사는 한국
인 소녀 두 명을 시리아로 입양해갔다.[2]

---

1 홀트아동복지회 편,《홀트아동복지회 50년사: 1955~2005》, 홀트아동복지회, 2005.
2 1953~1954년에 발생한 국제입양은 한국전쟁에 참여한 군인 등이 개인적 인연으로 아
동을 입양한 경우다.

한국전쟁 직후 국제입양은 전쟁고아를 구제한다는 명분으로 시작되었지만, 당시 관련 통계를 보면 미국 등 외국 군인과 한국 여성 사이에서 태어난 혼혈아동을 국외로 내보내는 방편으로 활용되었음을 알 수 있다. 오스트리아 여성과 결혼한 이승만 전 대통령은 '일국일민-國-民주의'를 정치적 신조로 내세웠다. 순혈주의적 전통이 강한 사회 분위기에서 혼혈은 순수함을 더럽힌 표상으로 여겨졌다. 이승만 정부는 1954년 대통령 긴급명령으로 보건사회부(현 보건복지부) 산하에 한국아동양호회(대한사회복지회 전신)라는 입양기관을 만들었다.

보건사회부에 따르면 1955~1961년 국제입양된 아동은 4천185명이다.[3] 한편, 1955~1961년 전국적으로 조사된 혼혈아동은 5천485명인데, 이들 중 4천185명이 국제입양되었다. 보건사회부 통계로만 보면, 1955~1961년 입양된 아동 전원이 혼혈아동이다. 이승만 정권이 집권하는 동안 혼혈아동 네 명 중 세 명이 입양을 통해 외국으로 내보내졌다.

이들 중 절대다수는 부모가 없는 진정한 의미의 '고아'

---

[3] 교회, 보육원 등을 통한 개별적인 국제입양은 포함되지 않은 숫자다. 또 시간이 오래 지났고 당시 기록이 문헌마다 약간의 차이가 있으므로 이 책에 기술한 내용은 보건사회부 통계에 기반을 둔 것임을 밝힌다.

상태	혼혈아동	일반 가정	시설 수용	국제입양
인원(명)	5,485	4,089	1,396	4,185

출처: 보건복지부, 《홀트아동복지회 50년사》에서 재인용.

가 아니다. 혼혈아동 5천485명 중 4천89명이 일반 가정, 즉 어머니가 양육 중이었다. 나머지 1천396명 중 영육아원에 1천67명, 모자원에 165명, 기타 기관에 164명의 아동이 수용 중이었다. 따라서 사회복지시설에 수용 중이던 혼혈아동 전원이 국제입양되었다고 가정하더라도 2천789명의 어머니와 자녀가 생이별했다는 얘기다.

1955년 전쟁고아를 위한 영육아원 등 보호시설에 수용된 아동은 4만6천여 명이었으며, 그 숫자는 1961년 5만5천 명으로 늘어났다. 이들 중 국제입양된 아동은 극소수에 불과했다.

당시 혼혈아동은 한국 여성과 외국 남성 사이의 부적절한 성행위의 부산물로 치부됐고, 그 아동과 어머니를 향한 사회적 낙인이 존재했다. 그럼에도 혼혈아동 네 명 중 세 명이 가족과 함께 살고 있었다. 이는 혼혈아동들을 가족 내에서 자연스럽게 양육하고 보호했다는 의미이기도 하다. 혼혈아동을 낳은 여성이 경제적으로 어려운 것은 사실이었지만, 당시 빈곤은 동시대를 살았던 대다수 국민이 직면하고 있는 문제이기도 했다. 다시 말해, 이들을 향한 편견과 차별은 국가와 사회가 조장한 문제였다.

대통령이 긴급명령까지 내려 혼혈아동을 해외로 입양 보낸 것은 입양이 아니라 혼혈아동의 집단적인 강제이주로 볼 수 있다. 당시 한국은 혼혈아동들의 사회적 배제를 '아버지의 나라'로 보낸다는 명분으로 정당화했다.[4]

김아람은 "혼혈인의 어머니로 표상되는 '기지촌 여성'은 전통적 질서를 붕괴시키는 행위자였기 때문에 통제와 관리의 대상이 되었으며, 이들이 출산한 혼혈아동은 국민의 자격을 취득할 수 없었기 때문에 해외로 내보내는 것이 국가의 혼혈인 대책이었다"라며 당시 국가가 "가부장적 이데올로기를 재생산하는 방법으로 국제입양을 적극적으로 활용했다"라고 주장했다.[5]

1978년 2월 경북 경산에 사는 정시학 씨 부부는 장녀 미화(당시 9세) 양을 잃어버렸다. 평소 잘 따르던 이웃집 서 모(25세) 씨를 따라 나선 뒤 미화 양은 이튿날 아침까지 귀가하지 않았다. 정 씨 부부는 관할 죽도 파출소에 딸을 실종 신고했다. 정 씨는 미화 양이 8세 때 찍은 사진

---

4   〈이승만 정권의 국제입양은 "혼혈아 청소"였다〉, 프레시안, 2017. 9. 8.

5   김아람, 〈1950년대 혼혈인에 대한 인식과 국제입양〉, 《역사문제연구》 22, 2009.

100장을 복사해 사진 수배를 경찰에 의뢰했으나 경찰은 관내에 사진을 뿌렸을 뿐 수사에 열의를 보이지 않았다. 정 씨가 유괴범으로 추정되는 서 씨의 몽타주를 그려 전국에 수배하자고 요구하자, 포항 경찰서의 한 형사는 "여기가 어딘 줄 알고 떠드냐"라며 정 씨의 멱살을 잡고 뺨을 때렸다.

아버지 정 씨는 사비를 털어가며 미화 양의 행방을 쫓던 중 서 씨가 대구교도소에서 아동 유괴 혐의로 복역 중이라는 말을 듣고 형사들과 함께 그를 두 번 면회했다. 이들은 서 씨에게서 미화 양을 부산 중구 남포동에서 떼놓았다는 자백을 받고 부산을 찾아 남포동 파출소에서 미화 양을 부산시 여성회관으로 보냈다는 사실을 확인했다. 부산시 여성회관은 부산시 사회과로 보냈고, 부산시는 미화 양을 임시보호소에 수용했다. 결국 정 씨는 미화 양이 유괴된 지 1년 10일 만인 1979년 2월 18일 입양기관인 동방아동복지회(현 동방사회복지회)를 통해 미국인 양부모에게 입양되었다는 사실을 확인했다.

기막힌 사실은 동방아동복지회에는 미화 양이 진술한 부모, 형제 등 가족의 이름과 나이, 집 주소와 가정 상황 등의 기록을 정확히 가지고 있었다. 동방사회복지회는 미화 양의 진술로 충분히 부모를 찾을 수 있었음에도 국제입양을 보냈다. 이 모든 사실이 정 씨의 끈질긴 추적으로 드러났고, 정 씨가 항의하자 동방아동복지회 직원은 "내 돈 들여 부모 찾아줄 의무가 없으니 고발할 테면 하라"며 오히려 큰소리를 쳤다.[6]

유사한 사연이 1975년 《조선일보》에 보도되었다.[7] 1974년 6월 1일 아버지의 일터에 갔다가 숙소를 나가 실종된 만 4세 김탁운 어린이는 당일 해당 지역 파출소를 거쳐, 경찰서로 옮겨졌으며, 입양기관인 대한사회복지회 대구분실에 보호되었다가 같은 해 11월 5일 '백정희'라는 이름으로 스웨덴으로 입양되었다.

위의 사례는 1970~1980년대 길을 잃은 '미아'가 어떤 과정을 거쳐 국제입양을 갔는지 보여준다. 경찰은 길을 잃은 아이의 집을 찾아주려는 노력을 전혀 하지 않고 보육원 고아원이나 입양기관의 보호시설로 아이를 보냈고, 아이는 부모가 살아 있음에도 고아로 둔갑해 불과 5~6개월 만에 해외로 입양 보내졌다.

당시 이런 일이 얼마나 횡행했는지 연도별 기아 발견과 국제입양아동의 숫자를 비교해보면 확연히 드러난다.

---

6 〈유괴된 딸 추적 1년 3개월… 어른 무성의로 이미 미국 입양〉, 《동아일보》, 1979. 5. 16.
7 〈외아들을 돌려주오〉, 《조선일보》, 1975. 10. 5.

<표 2> 연도별 '기아 발견'과 '국외입양' 아동 숫자 비교 (단위: 명)

연도	기아발견	국외입양	연도	기아발견	국외입양
1976	6,585	6,597	1996	2,819	2,080
1977	6,326	6,159	1997	3,151	2,057
1978	5,248	5,917	1998	3,517	2,443
1979	4,836	4,148	1999	3,755	2,409
1980	4,769	4,144	2000	2,809	2,360
1981	4,741	4,628	2001	2,869	2,436
1982	6,661	6,434	2002	2,704	2,356
1983	9,658	7,263	2003	3,285	2,287
1984	8,703	7,924	2004	2,556	2,258
1985	9,287	8,837	2005	2,591	2,101
1986	8,562	8,680	2006	1,900	1,899
1987	6,405	7,947	2007	1,636	1,264
1988	6,192	6,463	2008	1,493	1,250
1989	2,187	4,191	2009	1,618	1,125
1990	2,916	2,962	2010	1,451	1,013
1991	2,429	2,197	2011	1,011	916
1992	2,636	2,045	2012	1,006	755
1993	3,001	2,290	2013	394	236
1994	1,835	2,262	2014	247	535
1995	1,621	2,180	계	145,410	135,057

입양특례법이 개정되는 2012년까지 기아 발견에 의한 단독 호적(고아 호적) 발급 숫자와 입양아동의 숫자는 놀랍도록 유사하다. 이는 과연 60여 년간 한국에서 국제입양

이 가정이 필요한 '고아'들에게 가정을 찾아주기 위한 절차였는지, 아니면 국제입양을 위한 '고아'를 만들어내기 위한 절차였는지 의문을 갖게 한다.[8]

한국전쟁 이후 제도화된 국제입양은 시작부터 어머니가 키우고 있던 혼혈아동이 대상이었고 부모 잃은 고아를 위한 제도가 아니었다. 한국에서 국제입양을 가장 많이 보낸 시기가 전쟁 후 고아가 많을 수밖에 없었던 1950~1960년대가 아니라 경제성장을 이룩한 국가만이 개최할 수 있는 아시안게임, 올림픽을 치른 1980년대 중후반이라는 사실도 이를 증명한다. 1950~1960년대에는 8천200여 명, 1970년대에는 4만 8천200여 명, 1980년대에는 6만 5천300여 명의 아동이 국제입양되었다.

죽지 않은 자식을 가슴에 묻다

국제입양에서 입양 규모를 결정짓는 것은 송출국에서 가정을 필요로 하는 아동의 수가 아니라 수용국에서 입양

---

8 이경은, 〈국제입양에 있어서 아동 권리의 국제법적 보호〉, 서울대학교 법학대학원 박사 학위 논문, 2017.

을 원하는 부모들의 수다. 제2차 세계대전 이후 전 세계적으로 확산된 국제입양의 수요를 맞추기 위해 한국에서 가장 취약한 '어떤 어머니'의 자녀들은 입양 대상이 되었다. 1950~1960년대 외국군 부대 주변 유흥업소에서 일하던 기지촌 여성들, 1970~1980년대 산업화 과정에서 일자리를 찾아 도시로 상경한 젊은 여공들, 1990년대 이후 가난, 가정폭력, 의붓가족의 성적 학대 등으로 인한 가정파탄에서 도망쳐 나온 10대 소녀들을 포함한 미혼모들이 입양 보낸 어머니의 다수를 이룬다.[9] 이런 경향은 최근에도 전혀 바뀌지 않았다. 2017년 국제입양아의 99.97퍼센트(398명 중 397명)가 미혼모의 자녀였다. 국내입양아도 크게 다르지 않다. 미혼모의 자녀가 89.7퍼센트, 유기아동이 4.9퍼센트 등이다.[10] 미혼모 당사자 단체 '인트리ㅅ-tree' 최형숙 대표는 한국에서 입양의 문제는 곧 미혼모의 문제라고 지적한다.[11]

최 대표는 지난 2005년 출산을 앞두고 미혼모 쉼터에 들어가 다른 여성들과 함께 지냈다. 미혼모 쉼터에서 출

---

9 김호수, 〈아이를 키우지 못한 엄마들: 한국전쟁 이후 한국의 생모들〉, 《한국의 국제입양》, 뿌리의집, 2015.

10 보건복지부 통계(2018년 5월 11일 배포 보도자료).

11 최형숙 씨 인터뷰는 〈그들은 죽지도 않은 자식을 가슴에 묻었다〉, 프레시안, 2017. 11. 21. 이 기사의 내용 중 일부를 발췌해서 재정리했다.

산을 앞둔 여성들이 끊임없이 접하는 메시지는 '입양을 보내라'는 것이다. 그 쉼터에서 최 대표가 상담사에게 입양을 고려하고 있다고 말하자마자 세 입양기관에서 방문해 상담했다. 곧 태어날 아이의 입양을 승인하는 예비동의서에 서명하라는 것이 상담의 주된 내용이었다.

최 대표는 아이를 낳은 다음 날 입양기관에 전화해 아이를 돌려달라고 했다.[12] 입양기관 직원은 너무 늦었다며 서류를 고칠 수 없다고 그녀의 요구를 거절했다. 최 대표가 강경하게 대응하자 입양기관은 담당 직원이 휴가를 간 상태이며 나흘 뒤 다시 연락하라고 했다. 그렇게 해서 일주일 만에 다시 아들을 품에 안았다. 최 대표는 지금도 그때 기억에, 아이 생일이 일 년 중 가장 가슴이 아픈 날이라고 한다.

쉼터에서 저랑 같이 지내다가 아이를 국제입양 보낸 친구가 있다. 한여름 비 오는 날 아이를 낳았는데, 여름에 비가 오면 연락이 온다. 그 친구는 지금도 아이 생일 때마다 옷

---

12 2018년 현재는 '입양 동의는 아동의 출생 후 일주일이 경과한 후에만 가능'(입양특례법 제13조)하다. 이런 '입양 숙려 기간'은 2012년 입양특례법 개정으로 도입되었다. 그 이전에는 일반적으로 출산하기 전에 입양 동의를 받았다. 입양기관의 입양동의서는 법적으로 아무런 효력이 없지만, 입양기관들은 이를 근거로 입양 결정을 되돌릴 수 없다고 친생모들을 속이기도 했다.

　　　　　　　　　　　1부. 만들어진 국제입양 '신화'

을 사다 놓는다고 한다. 전화로는 자주 연락하지만 딱 한 번 직접 만났다. 내 아들을 보면 자기 아들이 생각날 것 같아서 못 보겠다는 것이다. 지금도 '언젠가 오겠지, 어른이 되면 찾아오겠지, 그 아이를 위해서 잘 살아야지' 그런 얘기를 한다. 내가 딱히 그 친구한테 미안할 이유가 없는데 지켜보는 것만으로도 미안하다. 사람마다 차이가 있겠지만, 미혼모들이 아이를 입양 보내고 아무렇지도 않게 잘 살까. 그렇지 못한 엄마들이 더 많다. 몸이 기억하고 가슴에 남아 있다.

조 솔Joe Soll과 캐런 윌슨 부터보Karen Wilson Buterbaugh는 "입양으로 아이를 잃은 경험은 아이를 죽음으로 잃은 것보다 더 고통스럽다. 죽음으로 인한 상실 역시 끔찍하지만 그것은 끝이 있고 슬픔을 표현할 수 있다. 그러나 아이를 입양 보낸 어머니는 위로받지 못하고 아이가 있었다는 것을 잊어야 할 뿐만 아니라 자신의 아이가 살아있는지, 행복한지, 건강한지 영원히 알 수 없다"라며 "어머니가 아이를 잃고 심하게 상처를 받지 않는 것이 불가능한 것처럼 아이가 어머니를 잃고서 심하게 상처받지 않는 것은 불가능하다"라고 입양이 생모와 아이에게 미치는 영향을 설명했다.[13]

한국에서 미혼모로 살아가는 것은 평생 고난이다. 임신하는 순간 그는 '가족의 수치'로 취급되며, 상당수가 의절을 당한다. 주변의 따가운 시선 때문에, 직장이 있더라도 미혼모가 되면 그만두는 비율이 96퍼센트에 육박해 경제적 어려움도 불가피하다. 자신뿐 아니라 자녀도 차별과 편견의 대상이 되는 것을 보고 견뎌야 한다. 조사에 따르면, 미혼모는 동성애자 다음으로 큰 차별을 경험한 집단으로 나타난다.[14]

나 혼자 편하게 잘 살고 싶어서 입양을 선택하는 게 아니다. 사회가 미혼모들이 아이를 키울 수 없게 만든다. 내가 입양을 생각한 것도 나보다 더 잘 키워줄 사람을 찾아주려는 마음이었다. 입양을 선택한 엄마들은 그렇게 아이를 보내고 나면 한동안 미칠 것 같다. 태어남과 동시에 어떤 이들은 이별을 경험해야 한다. 이런 아픔은 안 겪었으면 좋겠다. 어찌 보면 입양을 선택한 엄마들이 더 대단한 엄마들이지만, 사회에서 그들의 겪는 일들은 철저하게 은폐된

13 Soll J. & Buterbaugh K. W., *Adoption Healing: a path to recovery for mothers who lost children to adoption*, Gateway Press, 2000[한국어판: 조 솔·캐런 윌슨 부터보, 《입양치유》, 오혜인 외 옮김, 뿌리의집, 2013].

14 한국여성정책연구원·한국미혼모지원네트워크, 〈한국의 미혼모 복지에 관한 연구: 국제입양, 관련 통계, 선진국의 복지정책을 중심으로〉, 2009.

다. 자식이 죽으면 가슴에 묻는다고 한다. 그런데 죽지도 않은 자식을 가슴에 묻은 엄마가 입양 보낸 엄마다.[15]

미혼모들을 향한 사회적 낙인과 차별은 이들에게 입양을 유일한 선택지로 내밀었다. 한국 사회의 강고한 유교적 가부장제 질서를 어지럽히는 미혼모들은 자신의 아이와 이별하는 '처벌'을 받아들여야만 사회적 낙인에서 벗어날 수 있다. 모성 이데올로기는 가부장제를 유지하는 동력 중 하나이지만, 가부장제 질서에서 벗어난 어머니의 모성은 철저히 짓밟힌다. '정상가족' 규범이 강력하게 작동하고 있는 한국 사회에서 국제입양은 국가에 의해 '정상 모성 이데올로기'를 조작하고 재생산하는 수단이었다.

한국은 물질적, 이데올로기적 이득을 꾀하기 위해 산업화된 국제입양을 제도화했다. 자국 아동을 지원하고 보호하기 위한 비용을 절감하는 동시에 서구의 양부모에게 입양수수료를 받음으로써 이중으로 경제적 이득을 취했다. 미혼모와 그 자녀들을 제거함에 따라 단일민족과 정상가족이라는 유교적 가부장제에 기반을 둔 이데올로기적 판타지를 유지할 수 있었다.

---

15 최형숙 인터뷰, 앞의 기사, 프레시안, 2017. 11. 21.

미국은 현재 미혼모의 약 2퍼센트가 2세 미만의 영아를 포기한다. 그러나 불과 40~50년 전만 해도 미혼모는 사회적 금기였다. 혼외 임신을 한 여성은 가족에 의해 시설로 보내지고, 여성들은 엄격한 고립과 모욕을 겪으며 출산을 기다려야 했다. 이들은 쉼터에서 자신의 이름을 사용하지 못했다. 임신의 비밀을 유지하고, 아이를 낳아 입양 보낸 후에 본래 자신으로 돌아갈 수 있다는 뜻이었다. 이들은 출산 직후 친권 포기 서류에 서명하도록 강요받았고, 많은 이들이 아이의 아버지를 안다는 사실을 부인하도록 강요받았으며, 자신의 아이를 지킬 권리나 도움을 받을 제도에 무지했다. 쉼터 관계자들의 악의적인 설명 때문이었다. 산후에 아이를 보거나 안아볼 기회조차 거부당하는 일도 빈번했다. 이 시기 수백만의 어머니가 출산 후 아이를 빼앗겼다. 1972년 '로 대 웨이드 사건'으로 낙태가 합법화되기 이전에 낙태는 목숨을 걸어야 할 만큼 위험한 일이기도 했다. 1950년대 미국 사회의 혼외 임신과 낙태 문제를 다룬 영화 〈더 월〉의 주인공은 자기 집 식탁에서 불법 낙태 시술을 받다가 사망한다.

《사라진 소녀들: 로 대 웨이드 사건 이전 시대에 아이를 입양 보낸 여성들의 숨겨진 역사》를 쓴 앤 페슬러Ann Fessler는 100명의 미혼모의 구술을 통해 그녀들이 아이를 잊지 않았을 뿐만 아니라 대다수가 평생에 걸친 죄책감과 우울증에 시달렸음을 보여줬다. 1999년 미국에서 발간한 《산부인과 신생아 간호 저널》에 실린 한 논문은 "아이를 포기한 어머니들은 아이의 죽음을 겪은 여성보다 더 큰 자기부정, 절망, 비정형적 반응, 수면 장애, 식욕 부진, 의욕 부진 등의 슬픔 증후군을 앓는다"라고 지적했다.

당시 공식 기록을 기준으로 하면 150만 명이 친권을 포기한 것으로 나오지만, 600~1천만 명이 자신이 낳은 아이의 친권을 포기한 것으로 추정된다. 1945~1972년의 시기를 '아기 퍼가기 시대Baby Scoop Era'라고 부른다.[16] 미국뿐 아니라 호주, 캐나다, 영국 등에서도 아기 퍼가기 시대가 있었다. 하지만 이들 국가는 1970~1980년대 미혼모들의 당사자 운동을 포함한 여성운동으로 여성 재생산 권리의 인식 변화를 가져왔다. 또 아동의 최고 이익에 기반을 둔 아동 인권의 인식 변화도 미혼모의 양육권이 사회적으로 인정받는 데 긍정적으로 작용했다.

---

16 Kathryn Joyce, *Child Catchers: Rescue, Trafficking, and Gospel of Adoption*, PublicAffairs, 2013[한국어판: 캐서린 조이스,《구원과 밀매》, 박준영 옮김, 뿌리의집, 2014].

국제입양을 위한 '아기시장': 루마니아와 과테말라

컴벌랜드 법과대학의 데이비드 스몰린David Smolin 교수는 국제입양을 화전火田에 비유했다. 화전민이 쓸고 간 자리가 황폐해지는 것과 마찬가지로 국제입양을 원하는 부모들이 쓸고 지나간 국가의 아동 복지 시스템이 황폐해진다는 지적이다.

1950년대 한국전쟁을 계기로 탄생한 국제입양 산업은 국제정치 상황에 따라 한국을 포함한 아시아, 동유럽, 남미, 아프리카 등 주요 송출국을 옮겨가며 퍼졌다. 국제입양을 산업화한 나라에서는 입양을 위해 고아들을 인위적으로 만들었다. 1990년대에 전 세계적으로 큰 충격을 준 국제입양 스캔들이 일어난 루마니아와 과테말라 사례를 살펴보자.

① 루마니아, 13만 명의 고아들은 입양되지 못했다

1989년 소련과 동유럽의 사회주의 정권이 무너졌다. 그해 루마니아에서는 차우셰스쿠 정권이 무너지면서 경제가 붕괴했고, 가장 처참한 피해자는 아이들이었다. 당시 루마니아는 600여 개 시설에 13만 명의 아이들을 수용했고, 서구의 언론이 이런 아이들의 모습을 보도하면서 국제입양을 원하는 부모들이 몰려들었다.《뉴욕타임스》는 1991년 3월 루마니아의 불법 입양 실태를 심층 취재 보도했다.[17] 루마니아는 1991년 2천552명의 아동을 미국으로 입양 보내면서, 수십 년째 미국으로 입양 보낸 아동 수 1위 국가인 한국(1천817명)을 뛰어넘었다.

이 신문은 여아를 입양하기 위해 루마니아를 찾은 신디와 그녀의 시어머니 베티를 동행 취재했다. 신디와 베티는 '아기 브로커' M, G와 함께 입양 대상 아동을 찾아 나섰다. 한 산부인과 병원에서 신디는 수십명의 아기를 안아본 뒤 아드리아나라고 불리는 여자 아기를 선택했다. 간호사는 "아드리아나의 부모가 입양의 대가로 10만 레이(2천8백 달러)와 자동차를 원한다"라고 말했다. 브로커 G는 자신이 가격을 낮출 수 있다고 걱정하지 말라고 신디에게 말했다. 브로커는 아드리아나의 엄마가 사는 집을 찾아 입양 동의를 받고 4만 레이로 가격 협상을 마쳤다는 소식을 신디에게 전했다. 이 모든 일이 하루 만에 끝났다.

며칠 후 신디는 아드리아나가 B형 간염이 있다는 사실을 발견하고 브로커를 통해 다시 친부모에게 돌려보냈다. 그녀는 다른 입양 브로커를 고용해 알렉산드라라는 여자

---

17 "The Romanian Baby Bazaar", *The New York Times*, March 24, 1991.

아이를 입양하기로 했고, 알렉산드라가 B형 간염과 에이즈 검사에서 음성 반응이 나오자 뛸 듯이 기뻐했다.

아이를 입양하기를 원하는 미국, 캐나다 등의 입양부모들이 루마니아로 몰려들자, 루마니아에서 입양은 달러 암시장에 이은 새로운 암시장을 형성했다. 북미에서 루마니아 입양 전문이라고 하는 300여 개의 입양 중개기관이 생겨났고, 동유럽에서도 G와 M 같은 브로커들이 우후죽순 생겨났다.

입양부모가 원하는 아동은 신생아였다. 그들은 '600개 고아원에 있는 13만 명의 아동'들이 아니라 이제 막 태어난 아이들을 입양해갔다. 그 과정에서 브로커들은 입양을 친생모에게 아이의 친권이 박탈되는 '완전 입양'이 아니라 잠시 아이를 맡기는 '위탁'인 것처럼 설명했다. 브로커들은 입양부모와 친생모 사이의 통역을 일부러 엉터리로 하기도 했다. 미국인과 캐나다인들이 루마니아에서 입양 대상 아동을 찾아다니는 모든 활동은 불법이었고, 뇌물이 횡행했다. 정부가 무너진 상태에서 누구도 이런 광풍을 통제할 수 없었다. 1991년 루마니아 정부는 국가입양위원회를 만들고 불법 입양을 막으려 했으나, 이미 커다란 시장이 형성된 상태에서 정부 규제는 쉽지 않았다.

루마니아의 입양으로 포장된 사실상 '아동 거래'는 국

제적 스캔들로 번졌다. 이 사건은 1993년 헤이그협약을 촉구하는 시발점이었다. 루마니아는 2003년 국제입양을 전면 금지했다.

② 과테말라, 아동 납치와 밀매가 횡행하다

과테말라에서 국제입양은 1996년 30여 년 동안 계속 된 내전이 끝나면서 급증했다. 2007년 4천700명의 아동 이 미국으로 입양되었는데, 이는 태어난 아동 100명 당 한 명에 해당하는 숫자다. 1996~2008년 사이 3만 명 이 상의 아동이 국제입양 보내진 것으로 추산된다.

전 국민의 80퍼센트가 빈곤층인 과테말라에서 국제입 양은 좋은 돈벌이 수단으로 여겨졌다. 당시 미국 양부모 들은 입양비용으로 3만 달러가량을 지급했고, 이 중 2만 달러는 변호사와 공증인 등 입양 산업 관련 종사자들의 몫으로 돌아갔다.

과테말라에서 특히 문제가 된 것은 아동의 납치와 밀 매였다. 영국의 BBC는 2008년 아이를 도둑맞은 어머니들 의 사연을 보도했다.[18] 신발가게를 하는 아나 이스코바(26 세)는 2007년 3월 괴한 두 명이 가게에 난입해 아기를 빼

---

18 "My baby was stolen", BBC, July 24, 2008.

앗아 갔다고 밝혔다. 괴한이 쳐들어오기 직전 두 명의 여성이 가게로 와 주위를 살피면서 길모퉁이에서 망을 봤고, 괴한 중 한 명이 총으로 아나를 위협하고 창고로 끌고 들어가 성폭행을 시도하는 사이에 다른 괴한이 요람에 눕혀놓은 아기를 훔쳤다. 아나는 근처 경찰서로 가서 도움을 요청했지만, 경찰들은 교대할 인력이 없다는 이유로 즉각적인 도움을 주지 않았다.

과테말라시티에 사는 울가 안제리카 로페즈(31세)는 2006년 9월 딸을 도둑맞았다. 그녀는 자신의 어머니에게 딸을 맡기고 외출했는데, 납치범들이 그 틈을 노려 어머니에게 '딸이 손녀를 찾는다'라고 거짓말을 하고 아이를 데려간 뒤 사라졌다. 집으로 돌아온 울가는 경찰서에 가서 도움을 요청했지만 아무런 도움을 받지 못했다.

범죄 집단화된 국제입양 관련 조직은 아이를 납치하거나 빈곤층 여성들에게 소액의 돈을 주고 계약을 맺고 아이를 출산한 직후 데려오기도 했다. 이렇게 데려온 아이들을 돌보미가 돌보고 공증인과 변호사들이 서류 작업을 통해 '신분 세탁'을 거쳐 국제입양 보내는 체계가 갖춰졌고, 수천 명이 이와 관련한 일을 했다.

과테말라의 아동 납치는 아이를 빼앗긴 과테말라 엄마들의 사연이 알려지면서 세계적인 문제로 자리했다. 아이를 도둑맞은 여성들이 단식투쟁에 나서고 유엔 등 국제 사회의 압력이 커지면서 2008년 과테말라는 헤이그협약을 비준하기에 이른다.

2. 누가 국제입양을 선택하는가?

> 홀트양자회의 노력으로 미국의 새 부모를 얻게 된
> 우리나라의 고아들 97명은 '새천지'가 기다리는
> 미국을 향해 한국을 떠났다…… 가난하고 인심이
> 메마른 어버이의 땅을 버리고 미국으로 향했다.[19]

국제입양의 종주국, 미국

정부통계에 의하면 1953년 이후 60여 년간 한국에서 해외로 입양된 16만 5천여 명 중 11만 1천여 명, 전체 입양인의 3분의 2 이상이 미국으로 입양[20]되었고, 한국계 미국인들 중 입양인이 차지하는 비율은 10퍼센트에 달한다.[21] 어떻게 이런 일이 가능했을까? 그 답을 찾기 위해서

---

19   〈입양되는 고아 97명 어제 미국으로〉,《조선일보》, 1961. 6. 3.
20   보건복지부 통계(~2018).

는 이 현상의 배후에 있는 역사적 맥락과 양국의 법과 제도를 살펴보아야 한다.

　한국에서 국제입양은 1953년 한국전쟁 이후 일어나기 시작했다. 한국전쟁은 제2차 세계대전이 끝난 후 제삼세계에서 일어난 첫 번째 전쟁이며, 이 전쟁에서 발생한 고아를 구제한다는 명분으로 제삼세계의 아동이 제일세계 가정으로 이식되는 국제입양이 본격적으로 이루어지기 시작했다. 이는 부모와 자녀 사이에 인종적, 언어적, 문화적, 경제적 차이가 존재한다는 점에서 이전의 국제입양과 확연히 다른 성격을 갖는다.

　초기 입양아들은 한국전쟁을 거치면서 태어난 혼혈아로, 주로 미군의 자녀들이었다. 순혈주의를 강조하는 한국 사회는 이들을 부끄러워하며 한국에서 내보내고자 했고, 이들은 '아버지의 나라'로 돌려 보낸다는 명분으로 미국으로 보내졌다. 이승만 대통령은 1956년 국무회의를 통해 "혼혈 고아들은 될 수 있는 대로 미국에 입양시킬 방법을 강구하라" 지시하기도 했다.[22] 당시 한국 대통령의 강

21　입양인들은 미국 내 한인 커뮤니티에 쉽게 편입하지 못한다. 한국 출신 아동은 한국 입양기관과 협력하는 미국 내 입양기관을 통해 미네소타, 뉴욕, 미시간 등 7개 주에 주로 입양된다. 이들 지역은 재미 교포 비중이 높지 않다. 또 입양인들은 성인이 되기 전까지 백인 중산층 가정에서 자라기 때문에 한국의 언어, 문화, 정서 등을 습득하지 못한다.

력한 지원을 바탕으로 미국 오리건주의 평범한 농부였던 해리 홀트(홀트아동복지회 설립자)는 국제입양 산업의 창시자가 될 수 있었다.[23]

한국뿐 아니라 미국도 정부 정책 차원으로 국제입양에 개입했다. 한국에서는 최대한 손쉽게 아이들을 내보낼 수 있도록 예외적 특례조항들을 만들었고, 미국은 자국의 엄격한 이민법이 '고아들'의 입국에 걸림돌이 되지 않도록 예외를 만들었다. 그 결과로 만들어진 기형적인 양국 법제는 아동보호에 치명적인 문제가 있었으나, 60여년간 그 위험은 전적으로 아기들이 감당할 몫이었다.

미국은 제2차 세계대전이 끝난 1948년 난민구호법에 '난민 고아displaced orphan'라는 조항을 만들어 16세 미만의 이탈리아, 독일, 오스트리아 출신의 부모가 모두 사망하거나 실종된 아동이 한시적이고 제한적으로 미국에 입국할 수 있도록 허용했다. 이후 1953년에는 이 조항에 국적 제한을 없애 한국 아동도 포함시켰다. 부모를 잃은 고아뿐만 아니라 기아가 된 아동, 한부모 아동도 '고아'로 인정

---

22 김재민, 〈한국의 국제입양 정책 연구: 국가기록물과 언론 보도를 중심으로〉, 성공회대학교 박사학위 논문, 2015.

23 이승만 정부와 해리 홀트의 '협업'을 통해 산업화된 국제입양의 틀이 만들어지는 과정에 대한 더 자세한 설명은 77~81쪽을 참고하라.

하도록 의미를 확대했다. 전제 조건은 한부모가 아동을 돌보지 못하고, 아동의 출국, 입양에 동의하거나 다른 후견인에게 친권을 포기한 경우였다. 이런 제도적 뒷받침은 홀트가 한미간 국제입양 시스템의 근간을 만드는 데 기여했다.

미국은 1961년 연방이민법Immigration and National에 '고아'의 자격을 명시한 조항을 입법함으로써, 미국의 국제입양을 한시적 구호 조치가 아니라 영구적인 이민의 한 종류로 법제화했다. 또 이민법에 명시된 고아의 자격은 이전보다 더 넓어졌다. 미국 시민권자는 입양을 위해 14세 미만의 고아인 외국 아동을 미국으로 입국시킬 수 있었다. 이때 고아는 양쪽 부모가 모두 사망하거나 부모로부터 아동이 유기, 분리되는 등의 이유로 양쪽 부모가 부재한 통상적인 의미의 고아가 아니다. 여기에 한쪽 부모의 사망, 실종, 유기, 분리를 이유로 한부모만 있고, 그 한 부모가 아동을 적절하게 보호할 수 없어 이민과 입양을 위해 내놓은 경우까지 포함했다.[24]

한국과 미국 간의 국제입양이 압도적인 다수를 차지하는 또 다른 이유는 양국의 정치경제적 관계에서 찾을

---

24 이경은, 앞의 논문.

수 있다. 앞에서 인용한 기사에 근거할 때, 한국 사회에서 미국은 오랫동안 신천지로 여겨졌고, 1950~1970년대 국제입양은 미국의 원조 형태로 받아들여졌다. 정전협정 상태로 언제나 북한의 공격을 걱정해야 하는 남한에서 미국은 자유민주주의의 수호자일 뿐만 아니라 부, 민주주의, 박애의 상징이었다. 미국의 군사적 경제적 지원은 1970년까지 한국 국민총생산의 10분의 1에 해당했고, 이런 원조에 기반을 둔 한국 사회의 재건은 '누구든 미국에 가면 잘 살 수 있다'라는 절대적인 믿음을 키웠다.

김호수는 한국의 국제입양이 미국에 집중될 수밖에 없었던 이유를 "입양은 미국의 냉전 체제 안에서 대아시아 정책(화합과 봉쇄)의 일부라고 할 수 있다"라고 설명했다. 전쟁의 폐허와 가난이 팽배한 현실에서 서양의 기독교 가정으로의 입양은 당시 팽배했던 냉전 이데올로기 아래에서 미국을 자유 진영의 지도자, 한국과 그 아이들을 공산주의 위협으로부터 지켜주는 평화의 수호자로 그려내는 데 탁월한 역할을 했다[25]는 것이다. 입양은 소련과 체제 경쟁을 하는 미국 입장에서 '세계를 구원하는 국가'라는 상징을 만들기에 딱 들어맞는 일이었다. 미국의 강

---

25 김호수, 〈아이를 키우지 못한 엄마들〉, 앞의 책.

1부. 만들어진 국제입양 '신화'

력한 경제적, 군사적, 문화적 영향력으로, 한국에서 국제입양은 미국으로 입양을 가는 것과 동의어로 여겨졌다.

입양인 출신 연구자인 토마스 휘비네트(이삼돌)는 "국제적 관점에서 한국전쟁은 냉전의 시작이며 미국이 세계를 지배하는 시발점이었다. 한국은 국제입양의 하나의 표준 사례다. 베트남이나 태국 등의 나라는 미국과의 전쟁의 결과로 입양이 발생했다"라고 말했다.[26] 미군은 1975년 베트남전 당시 남베트남 수도 사이공(현 호찌민)이 북베트남군에 의해 함락되기 전 '베이비 리프트baby lift' 작전을 벌였다. 미군은 당시 참전국 병사들과 베트남 여성 사이에서 낳은 혼혈아를 비롯해 전쟁고아 3천300명 이상을 미국과 유럽으로 보냈다.

휘비네트는 서구와 미국으로 아이를 공급하는 주된 국가들이 미국의 영향을 받았거나 미군의 개입이나 주둔, 점령을 경험한 국가라는 사실을 지적하면서 "국제입양은 미국의 대외정책과 미국 제국의 형성에 한 부분이 되어 정치 관계를 활성화하고 평범한 미국인에게도 냉전에 개인적으로 참여하는 수단을 제공했다"라고 주장했다.

미국 국무부 입양 통계에 따르면, 미국의 국제입양은

---

26 〈중국에 공녀, 일본에 위안부, 그리고 우리〉, 프레시안, 2008. 8. 25.

1970년대 급증해서 1987년 1만 19명으로 1만 명을 돌파했고, 2004년에는 2만 2천884명을 기록했다. 2016년에는 5천370명의 아동을 국제입양했다.

미국이 최대 입양 수령국이 된 이유

미국이 전 세계에서 가장 많은 아동을 입양하는 세계 최대 입양 수령국이 된 이유는 아이를 원하는 불임 부부가 월등히 많기 때문만은 아니다. 국제입양에 관한 미국의 한 전국 조사에 따르면, 입양부모들은 불임을 입양 이유 중 네 번째로 꼽지만 '아이들을 향한 사랑과 부모 노릇', '인도적, 종교적 동기'를 첫 번째 이유로 들었다.[27]

미국 기독교 여론조사 전문기관인 라이프웨이리서치가 2017년 8월 미국 기독교 신자 1천10명을 대상으로 한 입양 실태 조사 결과에 따르면, 응답자 중 17퍼센트는 미국 내에서 아이를 입양했고, 15퍼센트는 해외에서 아이를 입양했다. 이와 함께 위탁양육 방식으로 고아를 돌보는

---

27 김동수, 〈한국인의 시각에서 본 국제입양〉, 《한국 국제입양: 초국가적 아동 양육 실험과 분투하는 입양 서사 50년》, 뿌리의집, 2015.

1부. 만들어진 국제입양 '신화'

성도 비율은 네 명 중 한 명(25퍼센트)꼴이었다. 미국 교회 성도 세 명 중 한 명은 자녀를 입양한 셈이다.

교회 규모가 클수록 성도들의 위탁양육과 입양을 독려하는 분위기가 두드러졌다. 성도 수 250명 이상인 교회의 경우 입양 기금 마련 및 부모 훈련 비율이 각각 15퍼센트, 13퍼센트였다. 이 조사를 진행한 라이프웨이리서치의 스콧 멕코넬 상임 디렉터는 "입양과 위탁 양육은 성도들에게 거부감이 없고 자연스러운 일"이라며 "성도들이 과부와 고아들을 돌보라고 한 성경 속 명령에 순종하는 마음을 갖고 있기 때문"이라고 말했다.[28]

국제입양을 하는 미국 부모들을 심층 취재한 《구원과 밀매》[29]에는 종교적 동기로 아이를 입양하는 여성과 그 가족의 이야기가 나온다. 저자가 만난 샤론이라는 여성은 하나님이 주시는 자녀는 모두 낳아야 한다는 믿음으로 피임을 하지 않아 일곱 명의 친자녀를 둔 복음주의 기독교 신자였다. 그녀는 고아를 구원해야 한다는 열망으로 국제입양을 열렬히 희망했다. 그녀가 입양을 희망했던 과테말라와 라이베리아는 2008년 늘어나는 입양 수요를 채우기

---

28 〈미 교회 성도 3명 중 1명 국내외 입양〉, 《국민일보》, 2018. 3. 6.
29 Kathryn Joyce, *Ibid*.

위해 아동 납치, 밀매 등 문제가 발생하자 미국으로 국제 입양을 중단했다.

샤론은 국내입양으로 눈을 돌려 2010년 텍사스에서 흑인 여자아기를 입양했다. 입양절차가 끝난 직후 그녀는 또 다른 아이를 입양하러 나섰고, 샤론은 1년 반 동안 세 아이를 입양했다. 텍사스에서 온 여자 아기, 라이베리아 출신으로 원래의 입양 가정에서 파양된 후 샤론의 집에 온 소년, 남녀 성기를 둘 다 지니고 태어나 건강 문제가 큰 아이를 입양했다. 이렇게 입양을 하고도 이들 부부는 다른 아이의 입양을 생각했다. 가정 위탁을 받는 어느 자폐아 소년을 만나려고 두 사람은 미국 땅의 끝에서 끝까지 차를 몰고 갔으나 실패했다. 그리고 워싱턴주에서 장애아를 입양했으나 나중에 행정 절차상의 문제로 다시 돌려줘야 했다. 또 샤론의 가족은 파양 경험이 있던 라이베리아 소년을 미주리의 부적응 소년 쉼터로 보냈다. 정서적으로 둔감하고 이상 행동으로 다른 가족과 잘 어울리지 못한다는 이유였다. 샤론은 언젠가는 자신이 직접 입양기관을 만들거나 고아원을 하고 싶다고 말했다고 한다.

복음주의 기독교인들은 한 가정에 한두 명이 아니라 열 명에 가까운 아이들을 입양함에 따라 입양아들에게 가정생활이라기보다는 시설(그룹 홈)에 가까운 환경을 제공하기도 한다. 오리건주에 사는 근본주의 기독교 신자인 네이슨 부부는 극단적인 사례 중 하나다. 이들 부부는 생물학적 자녀 여섯 명에 더해 무려 78명의 아이를 입양했다. 이렇게 입양한 아이 중 셋을 방치해 죽였다. 네이슨 부부는 1995년 우발적 살인과 아동 학대 혐의로 재판에 넘겨졌고, 재판 과정에서 그들이 문서를 위조해 많은 아동을 입양했다는 사실이 드러났다. 그들은 후원자들에게 기부금을 받기 위해 계속 아동을 입양했다. 입양아동 중 상당수는 방치된 탓에 후천적 장애를 가졌지만, 네이슨 부부는 아동 학대 등 모든 혐의에서는 무죄를 받고 후원금 부분만 유죄를 인정받아 3개월 후 출소했다.

캐서린 조이스Kathryn Joyce는 복음주의 기독교인들에게 입양이 갖는 의미에 대해 다음과 같이 설명했다. 우선 입양은 낙태를 반대하는 친생명pro-life 정치의 확장이다. 이들은 원치 않은 임신을 한 여성들에게 낙태하지 말고 입양 보내라는 요청 운동을 벌인다. 복음주의 기독교인들에게 입양은 '그리스도 안에서 새 생명을 찾도록 인도'하는 선교 행위다. 그들은 지금이 전 세계에 미국의 도움을 간절히 원하면서 입양을 기다리는 수억 명의 고아가 있는 '고아 위기' 상황이라고 인식한다.[30] 교회 입양 운동이 복음주의 신자에게 구원할 아이들을 찾아 나서라고 부추김으로써 결과적으로 더 많은 고아가 생겨났고, 국제입양은 하나의 커다란 산업으로 자리 잡았다.

1950년대 미국의 이민제도는 철저하게 '인종적'이었다. 캐서린 시니저 초이Catherine Ceniza Choy는 "20세기 전반기 대부분 동안 배제exclusion는 아시아인의 미국 이민 역사에서 지배적인 주제였다. 이는 미국 이민법에서 성문화되어 1924년까지 사실상 아시아인의 미국 이민은 금지되었다"라고 지적했다.[31] 미국은 이후 노동시장의 필요 때문에 중국 등 일부 아시아 국가 노동자들의 이민을 받아들였지만, 가족들의 동반 이민은 상당 기간 허락하지 않았다. 하지만 국제입양을 통한 한국 아동의 이주는 이런 '배제'의 흐름에서 벗어난 이례적 현상이었다.

미국에서 인종간 입양은 금기였다. 미국은 원주민(인디언) 말살정책의 일환으로 이들 아동을 백인 가정에 강제 입양시키거나 기숙학교 등에 강제수용하는 인권침해를 자행했다. 그 영향으로 실제 1970년대에 원주민 아동

---

30 복음주의 기독교인들은 전 세계에 기독교 가정으로 입양을 기다리는 '고아'가 2억1천만 명에 이른다고 주장한다. 이 숫자는 별다른 근거 없이 크게 부풀려진 것이다.

31 캐슬린 자숙 버퀴스트 외, 〈국제입양의 기관화: 미국 내 한국인 입양의 역사적 기원〉, 《한국 국제입양: 초국가적 아동 양육 실험과 분투하는 입양 서사 50년》, 유진월 옮김, 뿌리의집, 2015.

의 백인 가정 입양을 금지하는 인디언아동복지법이 제정
되기도 했다. 또 미국의 흑인사회복지사협회는 백인 가정
에 흑인아동 입양을 반대한다. 아동 청소년기의 자아 정
체성 형성에 부모와 인종이 다른 문제는 미국의 사회적
맥락에서 심각한 사안이라는 자각 때문이다. 이런 미국의
뿌리 깊은 금기를 거슬러 한국 아동은 대규모로 미국 백
인 가정에 입양되었다.

《피부색깔=꿀색》의 저자 전정식Jung Henin은 벨기에로 입
양된 자신의 어린 시절을 회고하며 "일부 입양 가정을 보
면, 부의 상징으로 멋진 자동차와 한국인 입양아가 필수
요건인 듯했다"라고 한국인 입양아가 "부의 상징"이었다
고 말했다.[32] 아담 크랩서도 "이웃 중에 다섯 가정이 한국
아이를 입양했다"라면서 당시 미국 중산층 기독교 가정에
서 한국 아동을 입양하는 것이 일종의 유행이었다고 말
했다.

실제로 한국 아동을 입양한 입양부모들은 대체로 중
산층 이상이다. 성인이 된 국제입양인들을 대상으로 한

---

32 Jung Henin, *Couleur de peau: miel*, QUADRANTS, 2008[한국어판: 전정식,《피
부색깔=꿀색》, 박정연 옮김, 길찾기, 2008]

설문조사에서 283명의 응답자 중 약 29퍼센트가 입양부모의 소득이 '매우 고소득'(3퍼센트) 또는 '고소득'(26퍼센트)이라 했으며, 약 60퍼센트가 중간소득이라고 답했다. '저소득'(11퍼센트) 또는 '매우 저소득'(1퍼센트)이라고 답한 응답자들은 상대적으로 적었다.[33]

동방사회복지회가 2002년 한국 아동을 입양 보낸 입양부모 평균 연 소득을 보면 3~5만 달러가 7.9퍼센트(60명), 5~10만 달러는 52.6퍼센트(402명), 10만 달러 이상이 39.3퍼센트(300명)로 입양부모가 비교적 고소득자들임을 알 수 있다.[34] 입양부모 자격을 심사하는 과정에서 경제력은 주요한 자격 요건이다.

신자유주의적 자본주의 확산 때문에 국경을 넘나드는 사람들의 숫자가 늘고, 다문화주의가 확산함에 따라 인종적 차이가 확연히 드러나는 국제입양은 더욱 주목을 받았다. 고학력의 중산층 이상의 백인 부모들은 인도주의와 다문화주의의 실현으로 국제입양을 선택하고 '좋은 부모'라는 사실을 대외적으로 증명했다. 데이비드 응-David Eng은 이 현상을 다음과 같이 분석했다.

---

33 정애리, 〈국외입양인 실태조사 및 효율적 입양사후서비스 제공방안〉, 보건복지가족부 용역 연구, 2008.
34 김득황 외,《東方社會福祉會 30年史》, 동방사회복지회, 2003.

1부. 만들어진 국제입양 '신화'

오늘날 국외입양은 기득권과 착취, 자본과 노동이 복잡다단하게 엇갈려 있다. 자금력을 확보한 제일세계 시민이라면 응당 세상의 모든 것을 구매할 수 있다는 '권리' 개념이 융합된 것이 작금의 국외입양이라 할 수 있다…… 자녀 양육이 이른바 '정상가족' 실현과 완전한 시민권을 방증하는 수단이 됨으로써 (동성 부부들을 포함한) 불임부부들의 입양 열기가 확산되었다. 가족과 집, 시민권, 국민국가가 상호 연관된 상황에서 (눈에 띄는 외국 출신) 입양아를 두었다는 것은 일종의 거창한 전시 행위가 된다.[35]

인종 간의 경계선을 넘어 아동을 입양할 용의가 있는 백인 부모에게 한국 아동은 매력적인 선택지가 된다. 한국의 경우, 입양특례법 개정으로 가정법원이 입양허가제를 도입하기 전인 2013년 초까지 입양부모가 한국을 방문할 필요가 없었던 것이다. 이는 전 세계 어디에서도 찾아볼 수 없는 유일무이한 형식의 국제입양이었다. 크리스티 브라이언Kristi Brian은 "입양 주선자들과 입양을 희망하는 부모들은 한미 간 입양은 건강한 아이에게 접근할 수 있

---

35 David L. Eng, *The feeling of Kinship: Queer liberalism and the racialization of intimacy*, Duke University Press, 2010.

는 가장 안전하고 쉽고 빠른 경로라고 생각한다"라고 지적했다.[36]

---

36 캐슬린 자숙 버퀴스트 외, 앞의 책.

3. 누가 국제입양을 산업화하는가?

홀트 부부, 국제입양시장을 열다

국제입양은 1950년대 첫 시작부터 정부와 입양기관 간의 긴밀한 합작품이었다. 미국 오리건주에 사는 평범한 농부였던 홀트 부부는 1954년 월드비전 설립자 밥 피어스 Bob Pierce 목사의 강연에 감명을 받고 한국 혼혈아동을 돕겠다고 결심했다.

해리 홀트는 1955년 10월 14일 자신이 입양한 아동 여덟 명[37]을 포함한 열두 명의 한국 아동을 데리고 미국 포틀랜드 공항에 내렸고, 그 모습은 TV 특별 프로그램을 포함해 수많은 신문 기사로 보도되면서 큰 관심을 모았다. 미국 입양법으로는 이렇게 많은 수의 아이를 입양할 수 없어서 아이젠하워 대통령을 비롯한 의회의 지원으로 홀트를 위한 특별법이 만들어질 정도였으니, 당시 미국 사회의 관심이 어느 정도였는지 짐작할 수 있다. 해리 홀트는 1956년 '홀트양자회'를 설립하고 본격적인 국제입양 사업에 뛰어들었다. 홀트 부부는 미국인들에게 한국 고아들을 "차갑고 비참하고 어두운 한국에서 따뜻하고 사랑으로 가득 찬 당신의 가정으로 구해내 모든 입양된 아이들이 갱생한 그리스도인이 되기를" 바란다고 호소했다.[38] 언론을 통해 명성을 얻은 홀트 부부에게 한국 아동의 입양을 원하는 부모들의 신청이 쏟아졌다.

홀트 부부는 입양을 원하는 미국 부모들의 수요를 충족시키기 위해 한국 정부에 '대리입양'을 수용할 것을 요구했다. 대리입양이란 당시 어느 나라에도 유래가 없는 제도로 홀트가 창안한 것이라 할 수 있는데, 외국의 양부모가 입양아동의 출생 국가에 오지 않고도 대리인(혹은 대리하는 기관)이 아동의 출생 국가에서 모든 절차를 대신 처

---

37   홀트 부부가 여덟 명의 아이를 입양한 이유는 자신들이 사는 농가에 친자녀 여섯 명과 함께 생활할 수 있다고 판단했기 때문이라고 한다.

38   Kathryn Joyce, *Ibid*.

리하고 아동을 미국 공항에서 양부모에게 인수인계하는 방식이다. 이승만 정부는 1956년 3월 국무회의에 '혼혈아동 입양 촉진'을 안건으로 올리면서 대리입양을 승인했다. 승인이 나자마자 해리 홀트는 미국인 500명에게 양자 삼을 혼혈아를 데려와 달라 위촉받고 입양 대리인으로 한국으로 돌아와[39] 보건사회부 장관이 써준 추천장을 들고 전국의 혼혈 자녀 가정을 돌면서 아동을 모았다. 이런 대리입양 관행은 이후 60여 년간 한국에 토착화되는데, 이는 사실상 국가가 국제입양을 주도하면서도 입양의 모든 절차는 입양기관과 개인들 간의 계약 형태로 체결하고 성립시키며 그렇게 사적 영역에 머물게 하는 근본적 요인이었다. 이는 어떤 문제가 생기더라도 일부 친부모와 입양부모의 탓으로 돌릴 수 있는 근거로 남았다.

당시 미국 사회복지계에서 이런 전대미문의 입양 관행은 큰 논란을 낳았다. 기존 사회복지기관은 입양부모와 아동이 서로 얼굴 한번 보지 않고 가족이 되는 것에 문제를 제기했다. 대리입양은 입양부모와 입양아동이 최소한 거쳐야 하는 면접권을 박탈하기 때문이다. 이런 비판에 맞서 홀트는 전쟁 후 긴급 구호 차원에서 대규모의 한

---

39 〈"양자로 갈 혼혈아 오백 명", 홀트 씨 데리고 가려고 내한〉,《조선일보》, 1956. 3. 29.

국 아동 입양이 불가피하며, 미국에서 입양부모가 되기를 원하는 대다수 부부가 한국을 방문해 입양절차를 밟을 시간적, 경제적 여유가 없다고 주장했다. 그는 입양을 원하는 부모들에게 대리입양이 중단된다면 아이를 얻을 수 없게 될 것이라며 "오늘 당장 여러분의 국회의원들에게 편지를 쓰자"라며 정치적 수완을 발휘하기도 했다. 당시 언론 보도에 따르면, 버사 홀트는 자신들의 사업을 조사해야 한다는 주장에 "이것은 주님의 사업이며 악마라 할지라도 중단시킬 수 없다"라고 대답했다.

이런 대리입양 과정에서 입양아동이 사망하는 사고가 발생했다. 홀트는 1956년 12월부터 3~4개월마다 한 번씩 전세기로 입양아동을 미국으로 이주시켰다. 종이상자로 만든 요람에 입양아동을 눕혀 한꺼번에 최대 129명까지 이송하는 과정에서 총 다섯 명의 아동이 사망했고, 한 비행기를 탄 아동 23명이 집단으로 발병하는 사고도 일어났다.[40] 인솔 과정에서 입양아동을 두 명씩 손목에 빨랫줄로 묶어 끌고 가는 모습을 보고 한국 국회마저 비인도적이라 지적했다.[41]

---

40 홀트는 1956~1961년 26편의 전세기를 띄워 2천10명의 아동을 미국으로 보냈다. 1972년 여름에 100여 명의 입양아동을 실어나르는 전세기까지 포함해 총 2천110명의 아동이 홀트의 전세기로 집단 이주했다.

1부. 만들어진 국제입양 '신화'

홀트 주도의 입양은 양부모 가정의 입양 적합도 조사도 제대로 수행하지 않았다. 제삼세계 아동을 입양하는 것을 종교적인 선행이라는 인식하고 있던 홀트는 목사의 추천서만 있으면 원하는 가정에 한국 아동 입양을 주선했다. 허술한 입양 가정 조사와 사후 관리는 입양아동의 학대, 구타, 최악의 경우 살해에 이르는 범죄로 이어졌다. 1957년 오리건주에서는 22개월 된 한국 입양아가 머리를 구타당해 사망했고, 양어머니가 2급 살인죄로 기소당했다. 양어머니에게 살해된 한국 아동은 1956년 10월 홀트 프로그램을 통해 미국으로 입양되었다.[42]

홀트는 한국에 국제입양 사업의 기반을 두고 전 세계로 사업을 확장했다. 홀트인터내셔널은 현재 13개국에서 사업을 하고 있으며 캄보디아, 중국, 베트남, 한국, 아이티, 몽골, 필리핀 등에서 입양을 보내고 있다. 인도와 에티오피아는 입양아동이 살해당하는 불미스러운 사건을 계기로 2018년 국제입양을 전면 중단했다.

---

41 1965년 3월 3일 국회 회의록, 김재민(2015)의 앞의 논문에서 재인용.
42 캐슬린 자숙 버퀴스트 외, 앞의 책.

경제 발전을 목표로 아이를 수출한
박정희와 전두환 정권

우리는 아동 이익과 사회복지의 계획 일부를 포기합니다.
그러므로 여러분의 친절한 도움은 매우 시의적절하고 중
요합니다. 우리는 1980년까지 경제자급을 달성하고 우리
가 가진 모든 문제를 스스로 해결할 수 있을 것으로 기대
합니다.

1975년 박정희 정권 당시 고재필 전 보건사회부 장관
이 국제입양부모에게 보낸 편지의 일부분이다. 5·16군사
정변으로 정권을 잡은 박정희 전 대통령은 국가가 입양
정책을 주도하는 방식을 계승했다. '경제발전 5개년 계획'
등 국가 주도의 경제성장 정책을 추진하는 과정에서 국제
입양은 아동 긴급구호가 아니라 국가의 복지비용을 줄이
려는 이주(사실상 추방) 정책이었다.

박정희 정권은 집권 초기인 1961년 고아입양특례법을
제정했다. 민법에 규정된 입양은 본질적으로 가문의 대를
잇기 위해 친족 중에서 양자를 들이는 관행에 맞춰져, '고
아' 입양을 위한 제도로 쓰일 수 없었다. 더구나 당시에는
국제입양에 적용할 수 있는 법규정이 없었다. 또 1953년

부터 한국과 미국 간 입양의 법적 근거였던 미국의 난민법이 1961년 만료됨에 따라 별도의 법이 필요했다. 미국도 같은 해 연방 이민법 개정을 통해 국제입양의 법적 근거를 마련했다. 12개 조항에 불과한 고아입양특례법의 주요 용도는 미국 이민법상의 '고아' 자격에 맞추기 위해 한국 법원이 증명서를 발급할 수 있는 절차를 제공하는 역할이었다. 그러면서도 미국에 입양이 완료되면 한국 호적에서 제적한다는 규정을 명시했다. 이 허술하기 짝이 없는 법은 국적 박탈의 효과가 있는 제적의 근거는 두면서도, 미국을 포함한 해외로 입양되는 아동의 안전에 관한 규정은 찾아볼 수 없다.[43] 당시 서울대학교 법과대학 김진 교수는 1962년 9월 7일《조선일보》에 '강아지 나눠주듯 할 것인가-고아입양특례법의 맹점'을 기고했다.

박정희 정권은 1970년대 초반 북한의 국제입양 비난을 타계하기 위해 한때 국제입양 중단을 정책 목표로 삼았다. 당시 북한은 '남한이 경제적 이윤을 얻으려 아기를 서양인에게 팔아넘기고 있고, 가난한 남한이 수출할 수 있는 상품은 아이들뿐'이라며 맹렬히 비난했다.[44] 박정희

---

43 〈사람을 강아지 나눠주듯 할 건가〉, 프레시안, 2017. 9. 1.
44 이삼돌,《국제입양과 한국의 민족주의》, 소나무, 2008.

정권은 이런 비난에 1970년과 1974년 두 차례 스웨덴 등 유럽의 중립국에 입양을 한시적으로 중단하기도 했다.[45]

박정희 정권은 1976년 입양특례법을 만들어 국내입양을 활성화하려 했다. 박정희 정권은 국내입양 활성화 5개년 계획을 수립하고, 입양기관들에 국내입양 숫자에 비례해 국제입양 숫자를 배당하는 할당제를 도입했다. 매년 국내입양을 10퍼센트씩 늘려 1985년에는 국제입양을 중단하겠다는 계획도 세웠다.

국제입양 할당제가 도입 2년 만에 흐지부지되며 박정희 정권의 국제입양 중단 계획은 선언에 그쳤다. 경제개발을 위해 복지비용을 최소화하려는 경제적 요구가 더 컸기 때문이다. 고아원 등 아동보호시설에 보내오던 해외원조도 1970년대 이후 줄어들었다. 박정희 정부는 예산이 드는 아동보호에 정책적으로 지원하는 대신 국제입양을 선택했다.

국제입양은 입양부모에게 적지 않은 수수료를 받는 이중의 경제적 혜택을 가져오는 사업이었다. 박정희 정부

---

45 박정희 정권은 북한의 정치적 비난 때문에 1970년 12월 1일 스웨덴과 인접 6개 중립국 (노르웨이, 핀란드, 덴마크, 스위스, 벨기에, 네덜란드)에 국제입양 중단했다가 1971년 3월 2일 해제했다. 또 1974년 11월 20일 북유럽 3개국에 '중립국인 관계로 입양 문제에 대하여 계속 북괴의 주시를 받아오고 있다'라는 이유로 입양을 중단했다가 1975년 10월 북유럽 측의 요청으로 재개했다. 김재민, 앞의 논문.

1부. 만들어진 국제입양 '신화'

는 1967년 고아입양특례법 개정을 통해 국제입양 업무는 정부에서 허가받은 기관에서만 하도록 명시했고, 관련 비용은 양부모에게 청구했다. 1964년 대한사회복지회, 1971년 동방아동복지회(1972년부터 입양사업 시작)가 설립되었고, 입양기관을 통한 국제입양은 아동복지체계와는 분리된 별개의 시스템으로 자리매김을 시작했다. 1960년대 한 아동당 입양기관에서 양부모에게 130달러 정도의 입양비용을 받았다. 1965년 한국의 1인당 GDP는 106달러에 불과했다.

박정희 정권에서 제도화된 국제입양은 전두환 정권 하에서 급증했다. 북한 등 외부의 시선을 의식했던 박정희 정권과 달리 전두환 정권은 국제입양을 '이민확대 및 민간외교'라는 명분을 내세워 크게 늘렸다. 그 결과 1980년대 한국 아동의 국제입양은 최고조에 달하여 10년 동안 무려 6만 5천511명의 아동이 해외로 입양되었다(보건복지부 통계). 한해에 8천 명이 넘는 아동이 해외로 입양된 1985년(8천837명)과 1986년(8천680명)을 포함해, 1984~1988년간 한해 태어난 총 출생아 중 1퍼센트가 넘는 아동이 해외로 입양되었다. 이는 아동 밀매, 납치 등 불법적인 국제입양으로 국제사회의 비난이 집중되었던 과테말라 외에는 어디에서도 찾아볼 수 없는 사례이다.

연도	출생아 수	국제입양아 수	국제입양 비율	연도	출생아 수	국제입양아 수	국제입양 비율
1970	1,006,645	1,932	0.19	1990	649,738	2,962	0.46
1971	1,024,773	2,725	0.27	1991	709,275	2,197	0.31
1972	952,780	3,490	0.37	1992	730,678	2,045	0.28
1973	965,521	4,688	0.49	1993	715,826	2,290	0.32
1974	922,823	5,302	0.57	1994	721,185	2,262	0.31
1975	874,030	5,077	0.58	1995	715,020	2,180	0.30
1976	796,331	6,597	0.83	1996	691,226	2,080	0.30
1977	825,399	6,159	0.75	1997	668,344	2,057	0.31
1978	750,728	5,917	0.79	1998	634,790	2,443	0.38
1979	862,669	4,148	0.48	1999	614,233	2,409	0.39
1980	862,835	4,144	0.48	2000	634,501	2,360	0.37
1981	867,409	4,628	0.53	2001	554,895	2,436	0.44
1982	848,312	6,434	0.76	2002	492,111	2,365	0.48
1983	769,155	7,263	0.94	2003	490,543	2,287	0.47
1984	674,793	7,924	1.17	2004	472,761	2,258	0.48
1985	655,489	8,837	1.35	2005	435,031	2,101	0.48
1986	636,019	8,680	1.36	2006	448,153	1,899	0.42
1987	623,831	7,947	1.27				
1988	633,092	6,463	1.02	2007	493,189	1,264	0.26
1989	639,431	4,191	0.66				

자료: 보건복지부 입양현황통계, 통계청 인구동향조사(2009).

---

46 한국여성정책연구원·한국미혼모지원네트워크, 〈한국의 미혼모 복지에 관한 연구: 국제입양, 관련 통계, 선진국의 복지정책을 중심으로〉.

이 시기에도 미국은 입양 종주국으로 자리했다. 1976
~1981년에는 한국 입양인이 미국 전체 국제입양의 50퍼
센트를 차지했고, 1986년 미국에 입양된 한국 출신 입양
인은 6천188명으로 미국 전체 국제입양의 59퍼센트에 달
했다. 1980년대 후반 주한 미 대사관에서 한국 아동의 미
국 입양을 위한 비자 발급을 담당했던 미 INS 이민비자
담당 영사인 로버트 애크만 씨는 한국에서 입양이 '사업'
이 되었다고 진단했다. 그는 1988년 미국의 진보적인 월
간지 《프로그레시브》와 인터뷰에서 당시 "한 달에 500명
의 아기는 단지 인도적인 이유만으로는 설명이 안 되는
지나치게 많은 숫자다. 인도주의가 멈추고 사업이 시작되
는 지점이 어디인지 물어야 한다"라고 말했다.

국제입양이 이익을 위한 사업으로 진행된 사례는
1988년 전두환 전 대통령의 친인척 비리에 관한 기사에
서도 찾아볼 수 있다. 검찰이 전두환의 동생인 전경환에
게 "많은 비자금을 청송원 후원회란 명의로 조성했는데
그런 단체가 있나? 비자금을 조성하고 세금감면을 위한
유령단체 아닌가?"라고 묻자 전경환은 "많은 사업을 하는
데 필요하다고 생각해 조성했고, 입양사업을 하려 했는데
기존 입양단체에서 반발해 그만두려 했다"라고 말했다.[47]

전두환 정권이 총력을 기울이던 서울올림픽이 열린

미국 월간지 《프로그레시브》 1988년 1월호 표지.

1부. 만들어진 국제입양 '신화'

1988년 《프로그레시브》는 1월 커버스토리로 한국의 국제
입양을 다뤘다. '아기 매매-한국이 아기를 만들고 미국이
이들을 산다'[48]라는 제목의 기사는 한 달에 수백 명이 해
외로 입양되는 한국의 실태를 상세히 다뤘다. 이 기사는
입양기관들은 입양부모에게 아동 한 명 당 5천 달러를 받
고, 한국이 국제입양으로 벌어들이는 돈은 1년에 1만 5천
~2천만 달러에 달한다고 보도했다. 아동 한 명의 총 입양
비용이 5천 달러를 기준으로 하면, 8천837명의 아동이 국
제입양된 1985년 총 4천418만 달러가량이 입양을 매개로
한국에 유입되었다는 계산이 나온다. 이 기사는 한국 정
부가 사실상 '준정부기관'인 입양기관에 입양업무를 떠맡
기면서 정책적 이득을 누리고 있다고 비판한다.

국제입양은 정부에 많은 목적을 제공한다. 우선 그들은 연
가 약 1천500만 달러에서 2천만 달러 정도의 돈을 가져다
준다. 둘째, 정부는 (그들에겐 예산 낭비라고 볼 수 있는) 아
이들을 돌보는 비용을 덜어준다. 셋째로, 한국 정부의 강
박 관념인 인구 통제에 도움을 준다. 마지막으로 국제입양

---

47 〈미국, 호주 등에 재산 도피 사실 없다〉, 《한겨레》, 1988. 7. 19.
48 Matthew Rohrchild, "Babies for Sale: South Koreans make them, Ameri-
cans buy them", *The Progressive*, January 1988.

은 고아들과 버려진 아이들을 어떻게 해야 하냐는 어려운 사회적 문제도 해결한다.

같은 해 《뉴욕타임스》에도 한국의 국제입양을 비판하는 기사가 실렸다. 이후 1986년 아시안게임, 1988년 올림픽을 계기로 올림픽까지 유치할 정도로 눈부신 경제발전을 이룩한 나라가 가난해서 아동을 키울 수 없다며 국제입양을 보낸다는 모순을 지적하는 외국 언론의 보도가 쏟아졌다. 이런 보도의 영향으로 국내 언론에서도 비판 보도가 이어졌다.[49]

국내외 언론의 비판 보도가 88올림픽 전후로 이어지자 정부는 입양사업 개선 지침을 마련했다. 1986년 정점을 찍었던 국제입양아동 수는 불과 3년 만인 1989년 4천191명으로 절반 이하로 줄었다. 1년 후 1990년 2천962명으로 다시 절반 가까이 줄었다. 그 사이 출산율이 급격히 떨어진 것도 아닌데 불과 4년 만에 국제입양아동 숫자가 3분의 1 수준으로 떨어지는 또 한 번의 '한강의 기적'이 일어난 셈이다. 이는 국제입양의 숫자를 정부가 원하는

---

49 〈매년 8천 명 고아 수출세계 1위〉,《경향신문》, 1989. 1. 30; 〈아기 수출 1위 오명, 씻을 수 없나〉,《한겨레》, 1989. 2. 10.

1부. 만들어진 국제입양 '신화'

대로 조정할 수 있었다는 사실을 보여주는 증거이다. 당시 입양기관들이 고아원, 조산원, 산부인과 병원 등을 대상으로 아동 확보 경쟁을 중단하고, 미아의 경우에는 아동 입양을 자제한다는 어처구니없는 내용이 국제입양이 급감한 원인이었다.

전두환 정권이 이민 활성화의 일환으로 장려한 국제입양은 '아동 수출국'이란 오명으로 국가 이미지를 실추시킴에 따라, 노태우 정부 들어 다시 정책 방향이 바뀐다. 1989년 국제입양을 줄이기 위해 국내입양을 늘려야 한다며 국내입양을 위한 성가정입양원이 설립되었다. 노태우 정부는 혼혈아동이나 장애 아동을 제외한 아동의 국제입양을 1996년까지 중단하겠다는 계획을 세웠다. 외무부가 1990년 국회에 제출한 국정감사 자료에 따르면, 해마다 4천여 명에 이르는 국제입양자 수를 1995년까지 1년에 10~20퍼센트씩 감축, 1996년 이후엔 완전히 중단할 계획이라고 밝혔다.

이 계획은 1995년 국내입양 숫자가 부족하다는 이유로 폐기되었다. 김영삼 정부는 국내입양 가정에 주택분양 500~1천만 원 할증 지원, 장애 아동 입양 가정에 양육 보조수당 및 의료비 지원 등 국내입양 활성화 정책을 펼쳤다. 1997년 IMF 위기로 국제입양은 다시 소폭 증가했다.

어느 정부나 국제입양은 낯부끄러운 일로 여겨졌지만, 원인과 해결책을 진지하게 고민한 흔적은 찾아볼 수 없다. 해결책은 박정희 정권 이후로 항상 판박이였고, 실패할 수밖에 없었다.

왜 국제입양시장은 한국 아동에 열광하는가

최근까지 홀트인터내셔널 홈페이지에 접속하면 국제입양을 기다리는 일부 한국 아동들의 사진과 간단한 프로필을 볼 수 있었다.[50] 'NE Asia'라고 소개하고 있지만, 한국 아동들이었다. 현재 세계 1위 아동 송출국은 중국이다. 중국의 입양단체 홈페이지에는 나이별(0~4세, 5~10세, 10세 이상)로 입양을 기다리는 아이들의 사진이 있다. 인터넷 쇼핑몰에서 상품을 둘러보듯 입양을 기다리는 아동들의 모습을 둘러볼 수 있다.

국제입양을 전문적으로 중개하는 입양기관은 정부와

---

50 관련 내용이 처음 보도된 것은 2017년 9월이었다. 당시 홀트 홈페이지를 통해 입양 대상 아동의 사진뿐 아니라 동영상까지 볼 수 있었으나, 현재는 홀트인터내셔널의 블로그와 인스타그램에 입양 대상 아동의 사진과 간단한 프로필을 공개하는 게시물이 업데이트되고 있다.

1부. 만들어진 국제입양 '신화'

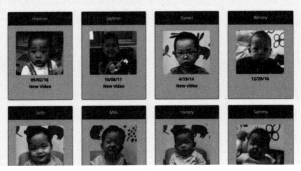

NE Asia

Pictured below are just a few of many children in Northeast Asia still waiting to find families through Holt's programs in the region.

Hodson	Jaylenn	Daniel	Wesley
09/02/16 New Video	10/08/11 New video	4/19/14 New video	12/29/16
Seth	Milo	Harvey	Sammy

2017년 9월 당시 홀트인터내셔널 홈페이지에 공개된 입양 대상 아동 사진. 각각의 아동을 클릭하면 좀 더 큰 사진과 간단한 아동 정보, 동영상을 볼 수 있었다.

함께 입양을 산업화시켜온 주역이다. 국제입양을 통해 수익을 창출할 수 있는 입양기관과 취약계층 아동보호 책임을 회피하려는 정부의 이해관계가 맞아떨어졌기 때문에, 정부의 허가 아래 입양기관들은 입양부모에게 수수료를 받고 국제입양 업무를 대리했다. 다른 사회복시기관과 달리 입양기관은 신고제가 아닌 허가제로 운영한다. 1970년대 이래로 4대 입양기관, 즉 홀트아동복지회, 동방사회복지회, 대한사회복지회, 한국사회봉사회만 국제입양 업무를 수행할 수 있었다.[51] 1988년 한국의 국제입양을 심층 취재한 미국 매튜 로스차일드 기자는 입양기관을 준정부

기관이라고 규정했다.

아이를 원하는 미국, 유럽의 부부가 자국에선 원하는 조건의 입양아동을 찾기가 어려운 상황도 입양 산업이 활성화되는 조건이었다. 1988년 《프로그레시브》와의 인터뷰 '미국 입양을 위한 국가 정책'의 제프리 로젠버그 공공정책 국장은 "미국에서 입양을 원하는 부부는 2백만 쌍인데, 미국에서 입양 가능한 백인 아동은 2만 명에 불과하다"라고 말했다(미국에서 흑인 아동, 인디언 아동 등 인종 간 입양을 두고 논란이 있으며, 실제 입양부모가 이들을 선호하지 않는다). 로버트 애크만 씨는 같은 기사에서 "한국에서 입양은 가장 성장이 빠른 분야이고, 여기엔 큰돈이 있다. 한국은 엘살바도르, 멕시코, 스리랑카 등 아동 납치나 밀매를 통해 유입되는 아동도 아니고 입양기관이 안전하게 인수한 아동이기 때문에 더 선호한다"라고 지적했다.

미국 국내입양은 아동복지체계에 따라 공공기관에서 주도한다. 그러다 보니 아동의 나이, 인종 등을 양부모가 선택할 수 없는 반면, 국제입양은 사적 중개기관이 양부모가 선호하는 아동을 확보해 공급한다. 막대한 비용이 들더라도 미국의 양부모들은 국제입양을 선호한다. 제인

---

51 현재는 한국사회봉사회는 국제입양 업무를 하고 있지 않다.

1부. 만들어진 국제입양 '신화'

2019년 7월 홀트인터내셔널의 공식 SNS 계정에 게재된 입양 대상 아동 관련 게시물.

정 트렌카Jane Jeong Trenka는 한국계 입양인이자 입양학 학자인 심 박 넬슨Kim Park Nelson의 논문을 인용해 미국 부부들이 국제 입양을 선호하는 이유를 설명했다.

국제입양은 한 해에만 국제시장에서 수십억 달러가 오가는 사업이다. 이 사업은 미국 불임부부에 입양아의 나이, 인종 등을 '맞춤형'으로 제공할 수 있다는 장점이 있다. 국제입양은 국내입양과는 다르게, 친모의 권리를 철저히 무시할 수도 있다. 미국인이 국내입양을 하면, 친모가 입양아를 만날 권리를 인정해야 하고 친모의 요구를 많이 들어줘야 한다. 그러나 국제입양은 더 큰 비용을 지불하지만, 일단 아이를 구매하고 나면 친모의 권리를 무시해도 괜찮다. 또 친모를 위한 후속 서비스After Service를 신경 쓰지 않아도 아무 문제가 없다. 이렇게 국제입양은 입양아를 친부모의 품과 아이의 근원에서 쉽고 깔끔하게 '단절'하는 장점이 있다.[52]

이런 이유로 국제입양시장은 한국 아동을 선호한다. 한국의 법제는 일단 입양이 성립하면, 국적마저 정부(법무부)가 나서서 박탈한다. 한국 아동의 입양수수료는 1988년 5천 달러(같은 해 한국의 1인당 국민소득 4천571달러), 2009년 1만 7천215달러(같은 해 한국의 1인당 국민소득 1만 7천74달러)에 달했다.

홀트인터내셔널 홈페이지에 소개된 입양수수료를 보면 국가별로 수수료 차이를 확인할 수 있다. 2018년 한국 아동의 입양수수료는 최대 3만 3천360달러에 이른다. 입

---

52 〈미국인이 비싼 국제입양을 선호하는 진짜 이유〉, 프레시안, 2013. 1. 17.

1부. 만들어진 국제입양 '신화'

양 심사 등 부대비용과 여행 경비까지 포함하면 입양부모가 부담해야 할 비용은 최대 5만 4천430달러다. 중국 아동의 입양수수료는 최대 2만 4천850달러, 베트남은 2만 3천260달러, 태국은 2만 2천510달러, 필리핀은 2만 2천710달러, 캄보디아 2만 6천250달러, 아이티는 3만 5천700달러다.

1970~1980년대 정부의 묵인하에 한국의 입양기관들은 입양수수료를 많이 받을 수 있는 국제입양에 경쟁적으로 몰입했다. 이런 행태는 1989년과 2008년 당시 보건복지부 감사 결과에서 드러났다. 이 감사에서 홀트아동복지회는 국제입양 대상 아동을 확보하기 위해 1986~1988년 성로원 등 51개 사회복지시설에 입양 대상 아동 1명당 6만 원의 양육비와 입양 때 20만 원의 사례비를 주는 등 모두 7억 8천823만 원을 지원했다. 또 외국인 접대, 선물비 등으로 연평균 2천6백만 원의 접대비를 지출했다.[53] 입양기관들이 국내입양이 아닌 국제입양을 먼저 보낸 행태는 2008년 이명박 정부의 보건복지가족부 감사에서도 확인되었다. 결국 그 원인이 국제입양의 높은 입양수수료에 있는 게 아니냐는 의심을 충분히 가질 수 있다.

---

53 〈입양아 확보를 위해 뒷돈〉,《한겨레》, 1989. 9. 27.

헤이그협약의 가장 큰 목적은 국제입양을 통한 금전적 이득을 규제하는 데 있다. 국제입양 과정의 수익 창출을 규제하지 않을 경우, 아동 납치와 밀매 등 극단적인 아동 대상 범죄가 발생하기 때문이다. 최대 아동 송출국 중 하나인 대한민국은 이 협약에 가입돼 있지 않다.

한국에서 국제입양 비용은 사실상 입양기관의 자의적 결정에 맡겨져 있다고 해도 과언이 아니다. 입양특례법 제32조는 '입양기관은 대통령령으로 정하는 바에 따라 양친이 될 사람으로부터 입양 알선에 실제로 드는 비용 일부를 받을 수 있다'고 규정한다. 또 입양특례법 시행령은 입양비용을 '보건복지부 장관이 인정하는 금액 이내로 한다'라고 규정한다. 하지만 보건복지부는 입양비용 문제에 사실상 손을 놓은 상태다. 지난 2001년 한국보건사회연구원 용역 연구를 통해 916만 원이라는 국제입양 적정비용을 정한 이후, 한 번도 이 문제의 가이드라인을 제시한 적이 없다. 이런 상황에서 현재 입양기관들은 1천600~2천300만 원의 입양비용을 양부모들에게 받고 있다. 해외에서 실제로 지불하는 비용은 3~5만 달러 이상(약 3천500~5천500만 원)을 웃돈다는 전언이다.

보건복지부는 입양기관이 민간기관이기에 행정 규제가 어렵다는 입장이지만, 국제입양기관은 사회복지시설

중 유일하게 허가를 받아야 하는 시설이다(다른 사회복지시
설들은 신고제다). 신고제가 아닌 허가제로 운영하는 이유
는 무분별한 국제입양을 규제하고 아동을 보호하기 위함
이라고 한다. 정부가 4대 입양기관에 사실상 독점권을 보
장해주고 있다는 점에서 직접적인 지원이 없기에 행정 규
제나 감시 권한이 없다고 보는 것은 지나치게 편의주의적
인 해석이다. 정부는 입양기관 감사를 통해 입양기관들이
입양비용으로 받는 돈을 후원금으로 처리하고, 허용하는
금액 이상의 비용을 양부모에게 받고 있다는 사실을 인지
하고도 10년 동안 어떤 개선책도 마련하지 않았다.

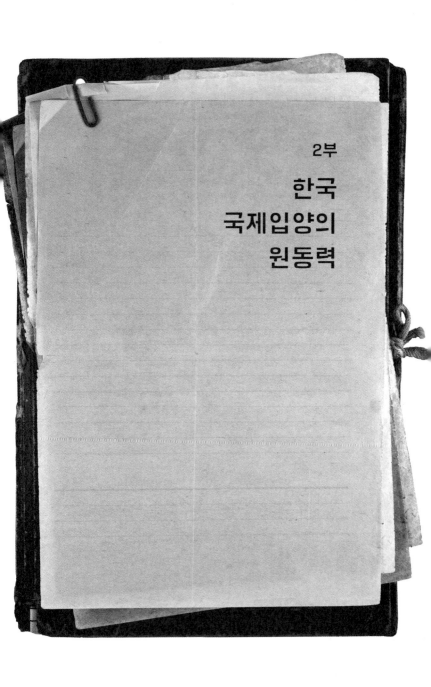

2부

한국
국제입양의
원동력

1. 입양과 정상가족 이데올로기

입양아동의 기본권을 국가가 배반하다

사법연감(대법원 법률행정처가 매년 발행하는 법률 관련 통계 자료집)에 따르면, 2001년 총출생신고 수는 57만 6천351명이다. 그해 기아 발견은 2천869명이다. 이 둘을 더한 총출생등록 수는 57만 9천220명으로 추정된다.[1] 하지만 같은 해 통계청 인구동향 조사 총출생아 수는 55만 4천895

---

[1]   한국의 출생신고는 구 호적법과 가족관계의 등록에 관한 법률에 따라 혼인 중 출생, 혼인 외 출생, 기아 발견, 세 가지 형태로 등록된다.

<표 4> 1998~2014까지 사법연감의 출생신고 수와 통계청의 출생아 수 비교 (단위: 명)

연도	사법연감의 출생신고 및 기아조서			③ 통계청 인구 동향 조사 출생아 수	①-③ 차이
	① 출생신고	② 기아 발견	①+② 총 출생신고		
1998	651,964	3,517	655,481	634,790	17,174
1999	631,805	3,755	635,560	614,223	17,582
2000	642,159	2,809	644,968	634,501	7,658
2001	576,351	2,869	579,220	554,895	21,456
2002	504,472	2,704	506,176	492,111	11,361
2003	498,941	3,285	502,226	490,542	8,399
2004	484,898	2,556	487,454	472,761	12,137
2005	448,233	2,591	450,824	435,031	13,202
2006	458,862	1,900	460,762	448,153	10,709
2007	505,599	1,636	507,235	493,189	12,410
2008	474,446	1,493	475,939	465,892	8,554
2009	456,152	1,618	457,779	444,849	11,303
2010	480,197	1,451	481,648	470,171	10,026
2011	484,947	1,011	485,958	471,265	13,681
2012	494,537	1,006	495,543	484,550	9,987
2013	455,038	394	455,432	436,455	18,583
2014	447,629	247	447,876	435,435	12,194

명이다. 사법연감의 총출생신고 수와 통계청의 총출생아 수를 비교하면 2만 1456명이 차이가 난다. 적은 숫자가 아니다. 2001년만의 일이 아니다. 사법연감과 통계청 조사

총출생아 수를 조사한 표를 보면, 1998~2014년까지 매년 적게는 7천600여 명에서 많게는 2만 1천여 명까지 차이를 보임을 알 수 있다.

통계청 자료는 이듬해 4월까지의 출생신고에 기반을 두고 출생신고 지연, 미비, 기아 발견 등 여러 변수를 고려해 관련 행정 자료를 바탕으로 바로잡은 수치로 국가 공식 인구 통계로 쓰인다. 사법연감의 총출생신고 수는 지자체별 출생신고를 합산한 것이다. 통계청 관계자에 따르면, 통계지표마다 기준 시점, 집계 방법 등이 다르므로 차이가 있을 수 있다. 그럼에도 매년 1만 명에 가까운 차이를 보이는 것은 이해하기 어렵다. 왜 이런 일이 일어난 걸까? 한국이 '보편적 출생신고제'를 시행하지 않기 때문이다.

한국은 '가족관계의 등록에 관한 법률'에 따라 아동의 부 또는 모(두 사람이 출생신고를 하기 어려우면, 동거하는 친족 내지는 분만에 관여한 사람)가 아동 출생 후 1개월 이내에 출생신고를 해야 한다(제46조). 현행 출생신고가 부모에 의해 자율적으로 이루어지다 보니 태어난 아이를 신고하지 않는 경우, 태어나지도 않은 아동을 태어났다고 신고하는 경우가 비일비재했다.

특히 2012년 입양특례법 개정 전까지 미혼모의 자녀

등 혼인 외 자녀의 경우 입양을 목적으로 출생신고를 하지 않는 일이 공공연하게 이루어졌다. 과거 입양을 원하는 미혼모들은 미혼모 쉼터에 머무르다 출산하거나, 입양기관과 연계된 병원에서 출산하는 경우가 많았다. 이들은 출산도 하기 전에 입양동의서에 서명하라고 종용받았다. 입양동의서에 서명하면 출산 직후 입양기관에서 아이를 데려간다. 이 아동은 정식 출생등록이 되기 전 'G 코드'를 부여받는데, G 코드는 지방자치단체에서 임시로 부여한 신분등록번호다. 이 번호에 기반을 두고 아동은 입양기관에 머무르는 동안 각종 지원금 및 의료보험 혜택을 받았다. 아동은 국제입양이 결정되면 입양기관을 본적과 주소로 하고, 입양기관장을 후견인으로 한 '기아 호적'(친생부모 정보가 사라진 단독 호적)을 만들면서 출생등록된다.[2]

정부는 과거 국내입양 활성화 정책의 하나로 입양을 결정하기 전까지 출생신고를 하지 말라고 권고하기도 했다. 이는 한국 정부가 1991년 비준한 유엔아동권리협약을 위반한 것이다. 유엔아동권리협약 제7조는 '모든 아동은 이름과 국적을 가질 권리를 지니며, 부모가 누구인지 알고, 부모로부터 양육 받을 권리를 지닌다'라고 규정한

---

[2] 국내입양이 결정되면 입양부모의 친자로 출생등록이 된다.

2부. 한국 국제입양의 원동력

다. 한국 정부가 비준한 국제협약은 국내법과 동일한 효력을 갖는다.

출생신고는 한국 국민으로 등록되는 과정으로, 아동이 법률상의 신분을 부여받고 이를 증명하는 시작점이다. 국가는 출생신고를 통해 아동의 존재를 인지하고, 아동은 국가가 발급하는 출생증명서를 통해 자신의 출생 사실과 신분을 증명할 수 있다. 출생신고하지 않은 아동은 필수 예방접종의 대상이 아니고, 보험 가입도 불가능하다. 국가가 아동의 존재를 모르기 때문에 부모의 학대, 유기, 아동매매의 위험이 있다.

입양 대상 아동은 입양을 통해 출생 가정에서 분리되는 과정을 겪기 때문에 국가 구성원으로서 신분 획득은 더욱 중요한 문제다. 그런데도 한국 정부는 입양을 결정하는 어른들, 즉 친생부모, 입양부모, 입양기관의 편의와 이해관계를 위해 아동의 권리를 무시했다.

입양과 출생신고제도

2012년 입양특례법 개정 이후 지금까지 입양특례법이 아동의 출생신고를 강제하고 있다. 미혼모들이 아이들을 버린다는 극단적 단순화 논리가 언론 보도를 통해 재생산되는 이유는 이와 같은 역사적 배경이 입양과 출생신고를 연결시키고 있기 때문이다.

2012년 법 개정으로 입양이 가정법원의 재판을 통한 허가제로 바뀌면서 아동의 '출생신고 증빙 서류'가 법원에 제출해야 할 입양 서류(입양특례법 제11조 1항) 중 하나로 명시되었다. 법적으로 존재하지 않는 아기를 대상으로 법원이 입양재판을 할 수는 없다. 입양특례법 재개정을 주장하는 이들은 사회적 낙인이 두려운 미혼모들이 출생신고를 의무화한 입양특례법 때문에 아동을 유기하는 일이 증가했으므로 예전처럼 출생신고를 하지 않아도 사적 기관을 통해 입양할 수 있게 해야 한다고 주장한다. 이런 주장은 한국 사회에 홀트에 의한 대리입양과 사적입양이 얼마나 깊이 뿌리 박혀 있는지 알려준다.

친모의 사생활을 보호하기 위해 2009년과 2016년 가족관계등록법을 개정했다. 가족증명서를 일반, 특정, 상세 증명서로 세분한 것이 특징인데 일반 가족관계증명서에는 현재 혼인관계 이외 관계에서 출생한 자녀를 현출하지 않도록 했다.

한국 사회는 차별과 편견을 직시하지 않고, 임시방편으로 법과 제도를 끼워 맞추거나 불법적인 관행을 공공연

하게 자행하면서 결국 출생등록과 입양이 연결되는 비정
상적인 상황을 연출했다.[3] 한국은 가부장적 질서에 따르
는 혼인과 출산만을 정상으로 인정한다. 국가는 혼인 외
출산을 입양을 통해 제거하도록 사실상 권장해왔다.

이처럼 출생신고를 전적으로 부모에게 의존하는 제도
가 아동의 인권을 침해할 수 있기 때문에 유엔아동권리위
원회, 유엔자유권위원회는 여러 차례 한국에 보편적 출생
신고제도를 도입하라고 권고했다. 보편적출생신고제도,
또는 보편적출생등록제도Universal Birth Registration는 출생한 모든
아동이 출생국 정부에 출생신고를 할 수 있도록 보장하는
제도를 의미한다. 미국은 부모의 국적과 상관없이 미국에
서 출생한 모든 아동에게 자동으로 시민권을 부여한다.
호주, 영국도 의료기관이 아동의 출생을 신고한다.

국제입양과 호주제

출생신고와 입양이 연결되는 것은 한국만의 특수한
상황이다. 그 배경에는 한국 가부장제의 근간이라고 할

3 　〈입양아동이 받았던 'G 코드'를 아십니까?〉, 프레시안, 2017. 12. 6.

수 있는 '호주제'와 '산업화된 국제입양'이 있다.

태어난 아동의 출생신고를 전적으로 부모의 책임으로 여기는 것은 아동은 부모의 소유물이라는 생각 때문이다. 서구에서도 근대 이전에는 어린이를 부모의 재산으로 여겼지만, '개인'에 대한 인식을 확장하면서 어린이도 독립적 인권의 주체로 이해하기 시작했다. 하지만 한국에서는 아동을 여전히 부모의 소유물로 인식하고, 출생등록 관련 법제는 이런 인식을 고착화하고 있다. 대한민국 정부 출범 직후 만들어진 민법에서 개인의 신분 등록은 호주제를 통해 이루어졌다. 호주제는 호주를 정점으로 가家를 구성하고 남성에게만 이를 승계시켜 남계혈통을 영속시키는 데 필요한 법적 장치를 뜻한다. 국가에 가족이 등록되며, 가족에 특정인을 포함(입적)할 것인가의 여부는 전적으로 호주의 결정에 따르는 방식이다. 국가에 개인이 아니라 가족이 등록되는 호주제에서 '여성'과 '아동'은 남성(호주)의 소유물로 인식되었다. 또 남성(호주)이 없는 가족 형태를 모두 '비정상적인 가족'으로 규정하면서, 비정상적 가족을 차별하고 배제하는 데 정당성을 부여했다.

호주제는 1950년대 처음 민법을 제정할 때부터 대한민국 최초 여성 법조인인 이태영 변호사를 비롯한 여성계의 반발을 샀고, 유엔인권위원회 등 국제사회에서도 수

차례 폐지를 권고했다. 호주제는 헌법재판소에서 2005년 2월 헌법 불합치 결정을 내리고, 그해 3월 2일 민법 개정안이 국회를 통과함에 따라 50여 년 만에 폐지되었다.

폐지 과정은 절대로 순탄치 않았다. 김대중 정부에서 시작된 호주제 폐지를 위한 정치적 노력은 노무현 정부 들어서 결실을 봤다. 그것도 노무현 전 대통령 탄핵 여파로 의회 권력이 상대적으로 진보적인 민주당 계열(열린우리당)로 넘어간 17대 국회에서 가능했다. 당시에도 대다수의 한나라당(현 자유한국당) 남성의원들은 호주제 폐지 입장을 밝히는 데 거리낌이 없었다. 유림 등 보수세력은 이들을 정치적 지렛대로 적극적으로 활용했다. 한나라당 남성의원 58명은 국회 본회의에서 호주제 폐지안에 반대표와 기권표를 던졌다.

호주제 폐지 이후 신분등록제와 관련해 시민사회에서 요구한 것은 '개인별 등록제'였다. 이는 미국 및 유럽에서 사용하는 신분 등록제로 신분 등록부에는 최소한의 성보만 등록하고 신분 변동 사항은 출생, 혼인, 사망 등 사건별로 별도의 공부公簿를 만드는 방식이다. 가족들의 신분 변동 사항까지 모두 기록했던 호주제는 개인정보 보호에 취약할 뿐 아니라 혼외 가정, 이혼 가정, 한부모 가정, 독신 가정 등 다양한 형태의 가족 차별에 기반을 두었다.

대법원은 이 요구를 받아들이지 않았다. 대법원은 2007
년 5월 '가족관계 등록 등에 관한 법률'을 제정, 공포했
고 2008년 1월 1일부터 새로운 신분등록제가 시행되었다.
1인1적을 원칙으로 하되, 가족부 일부 항목을 섞은 혼합
형 방식이었다. 호주 대신 '나'를 중심으로 신분 등록부를
구성하지만, 여전히 부모, 배우자, 자녀를 구성원으로 하
는 '정상가족' 형태를 기본으로 삼고 있다.

대법원이 이런 방식을 택한 이유에 국민 정서와 행정
적 편의를 내세웠다. 대법원은 헌법재판소에서 헌법 불합
치 결정을 내린 문제점만 해소하면 된다고 판단한 것으
로 보인다.[4] 호주제라는 명칭이 법에서는 사라졌지만, 가
족관계의 등록 등에 관한 법률에 따른 출생신고에서 여전
히 혼인 중 출생과 혼인 외 출생을 구분하고 있다. 심지어
2015년 개정 전까지 혼인 외 출생은 어머니만 출생신고를
할 수 있었다.

2019년 현재도 여전히 혼인 중 출생과 혼인 외 출생을
구분해 등록하고 있다. 출생등록을 부모의 자율 권한으로
남겨놓았다는 사실은 호주제를 폐지했지만, 법과 제도를

---

4 헌재는 2005년 2월 민법 제778조(호주제의 정의), 민법 제781조 제1항 본문 후단(자
는 부의 가에 입적한다), 민법 제826조 제3항 본문(처는 부의 가에 입적한다) 등이 헌법
에 합치하지 않는다고 결정했다.

통한 특정 여성과 아동 '낙인찍기'가 계속되고 있다는 증거다.

2. 경제를 위해 배제한 사람들

한국판 아우슈비츠, 형제복지원 사건

'형제복지원 사건'은 박정희, 전두환 정권에 걸쳐 일어난 대표적인 국가폭력범죄 중 하나다. 형제복지원은 부산에 있던 1970~1980년대 전국 최대 규모의 부랑아 수용시설로 적게는 1천700여 명에서 많게는 3천900여 명을 수용하며 매해 18~20억 원대 국고 지원을 받았다. 형제복지원은 사회복지시설의 모범사례로 수차례 국가 표창도 받았다.

1975년 박정희 정권에서 제정된 내무부 훈령 제410조는 '부랑인에 대해 신고, 단속, 수용, 보호하고 귀향 조치 및 사후관리하여 도시 생활의 명랑화를 기하고 범법자 등 불순분자 활동을 봉쇄하는 데 만전을 기하'도록 규정했다. 전두환 정권은 이를 근거로 86아시안게임과 88올림픽을 앞두고 환경미화의 명분으로 부랑인을 잡아다 시설에 가뒀다. 부랑인은 법적으로 '일정한 주거 없이 관광업소, 접객업소, 역, 버스정류소 등 많은 사람이 모이거나 통행하는 곳과 주택가를 배회하거나 좌정하여 구걸 또는 물품을 강매함으로써 통행인을 괴롭히는 걸인, 껌팔이, 앵벌이'로 규정조차 불분명했다. 추후 조사 결과에서 형제복지원 수용자의 70퍼센트 이상이 수용 부적격자, 즉 부랑인이 아닌 것으로 밝혀졌다.

부랑인 시설은 이 같은 정부 시책을 근거로 역이나 길거리에서 주민등록증이 없는 사람을 끌고 가서 불법 감금하고 강제노역을 시켰다. 형제복지원은 저항하는 입소자들은 굶기고 구타하거나 심지어 살해하여 암매장했다. 1987년 3월 원생 1명이 구타로 숨지고 35명이 탈출하는 사건이 발생하면서 그 실체가 외부로 드러났는데, 12년 동안 공식 사망자만 551명이다. 암매장한 사람들, 시신이 의과대학 해부 실습용으로 팔려나간 사람들 등을 고려하면 훨씬 더 많은 사람이 사망했다고 할 수 있다.[5]

형제복지원 사건 진상규명을 위한 피해 생존자 모임 대표 한종선 씨 등 형제복지원 피해자 중 상당수가 강제 입소될 당시 미성년자였다.《살아남은 아이》를 통해 형제 복지원 사태를 최초로 증언했던 한종선 씨는 1984년 여 덟 살의 어린 나이에 열한 살 누나와 함께 거리에서 끌려 갔다. 형제복지재단이 관할 구청에 신고한 현황(1985년)을 보면 성인과 아동의 비율이 2 대 1이었다. 1970년대에는 아동의 숫자가 더 많았다.

형제복지원 피해자들의 증언에 따르면, 형제복지원에 는 아기들도 있었다. 박인근 원장 사택 바로 옆에 유아소 대가 있었고, 이 방에 있던 아기들은 인근 입양기관으로 서류를 갖춰서 보내졌다. 1980년대 형제복지원에 있었던 박정식(가명) 씨는 당시 상황을 증언했다.

유아소대 침대가 요즘 라꾸라꾸침대 있지 않나, 그 정도 크기에 3명 정도가 누워 있었어요. 유아소대는 좀 크니까

---

5 형제복지원 사건으로 박인근 원장은 특수감금죄 등에 대해 무죄를 선고받고 횡령죄로 2 년 6개월의 징역만 살고 출소했다. 출소 후에도 박 원장과 그의 가족들은 수백억 원대 재 산을 소유하고 느헤미야 복지원으로 이름만 바꿔 사회복지재단을 운영해왔다. 지난 19 대 국회에서 '형제복지원 진상규명을 위한 특별법'이 발의되었지만, 회기 만료로 폐기되 었다. 문재인 정부는 2018년 7월 박인근 형제복지원 원장이 전두환 정권 당시 받았던 서훈(국민훈장 동백장)을 박탈했다.

침대가 14~16개 정도 있었을 겁니다. 3명씩 있었다고 하면, 한 방에 40~50명 정도 있었던 거지요. 내가 살면서 어디 가서 홀트, 동방, 십자군연맹, 이런 얘기를 듣겠어요. 이런 게 내 머릿속에 딱 박혀 있는 게 [외국인 후원자들에게] 편지를 쓸 때 보면 홀트 마크가 붙어 있고, 동방 마크가 찍혀 있고, 그러니까 기억하는 거지. 내가 선도실 소지[심부름하는 사람]하면서 봤지만 아이들이 많이 죽기도 했습니다. 원생들이 아기들을 돌봤어요. 먹여야 할 때 안 먹이고, 환경이 비위생적이니까, 벼룩이나 이도 있고, 그러다 보니까 죽기도 많이 죽었어요. 내가 형제원에 6년 있었는데 그때 아이들이 많이 죽고, 많이 없어졌어요.

영유아들의 존재는 형제복지원 재단 공식 기록에서 찾아볼 수 없다. 2016년 사망한 박인근 형제복지원 원장은 형제복지원 수사를 해명하기 위해 《형제복지원 이렇게 운영되었다》라는 14권의 자료집을 냈다. 이 자료집에 경찰과 부산 북구청을 통해 수용인을 인수하는 과정에서 쓴 인수증과 수용인 명단을 기재했는데 0~2세의 영유아 입소 기록은 한 건밖에 없었다. 박 씨는 이런 영유아들이 박인근 원장에겐 돈벌이 수단이었을 거라 추측한다.

경찰서나 길에 버려진 아이들도 많았던 시절이고, 그냥 버려진 아이들을 형제원에 넘겼을 테니 별다른 서류가 남지 않았을 거예요. 형제원에도 임신해서 온 여자들도 있었는데 애를 낳으면 엄마랑 아이를 분리해 생이별시켰어요. 그 아이들도 유아소대에 있었겠죠. 이런 아기들을 빌미로 엄청나게 돈을 벌었을 겁니다. 외국인들도 많이 방문했는데, 그때 우리 같은 사람들은 방에 갇혀 있고 아이들만 내보냈어요. 외국에서 옷들도 후원 물품으로 엄청나게 많이 들어왔는데, 외국인들 오고 딱 그럴 때만 애들 입혀서 보여줬습니다. 평소엔 한겨울에도 찢어진 옷 입고 다녔어요. 그때 식당 밑이 피복 창고로 엄청 규모가 컸는데, 거기 외국에서 후원받은 옷들이 가득 차 있었어요. 그 옷만 팔아도 돈 많이 벌었을 겁니다.

국제입양기관과 형제복지원의 연계 의혹은 형제복지원 피해자들과 시민사회단체 등으로 구성된 '형제복지원 사건 진상규명을 위한 대책위원회'에서 오랫동안 제기해왔다. 이런 의혹에 보건복지부는 2017년 1월 민주당 정춘숙 의원실의 질의에 답변서 형식으로 '조용히' 사실이라고 인정했다.

보건복지부 답변서에 따르면, 부랑인 시설인 형제복지

<표 5> 보건복지부가 형제복지원 등의 기관에서 인수한 아동의 해외입양 현황

구분	아동	출생 연도	성별	입양 국가	입양 연도	협력기관	양부모의 성 및 생년월일	비고
홀트아동 복지회	김○○	1981	남	노르웨이	1982	Children of the World		
	조○○	1981	남	프랑스	1982	Rayon de Soleil		쌍둥이
대한사회 복지회	박○○	1982	남	미국	1983	Spence Chapin		
	박○○	1982	남	미국	1983	Spence Chapin		
	박○○	1982	여	미국	1983	Children's Home Society of California	양부모의 개인 정보에 관한 사항으로 제출 곤란.	
	박○○	1983	여	미국	1983	Spence Chapin		
동방아동 복지회 (현 동방사회 복지회)	김○○	1978	여	미국	1979	Dillon International		
	김○○	1977	여	미국	1979	Catholic Social Services		
	이○○	1976	여	미국	1979	Children's Home Society of MN		
	김○○	1979	여	호주	1979	New South Wales		
	기○○	1972	여	미국	1979	Catholic Social Services		

원에 있다가 입양기관이 인수해 해외로 입양된 아동은 11명이었다. 보건복지부가 입양기관들에 문의해 취합한 명단을 보면, 홀트아동복지회는 2명, 대한사회복지회는 4명,

동방사회복지회는 5명을 형제복지원에서 인수해 국제입양 보냈다.[6] 하지만 이 11명이 형제복지원을 통해 인수되어 국제입양된 아동의 전부라고 보기는 힘들다. 박 씨 증언에 따르면, 형제복지원에 있었던 영유아의 숫자는 작은 규모가 아니었다.

유아소대가 박인근 원장 사택 옆에 있었어. 20~21소대일 겁니다. 갓난쟁이도 있고, 걸음마하는 아기도 있고. 담당하는 보모선생이 따로 있었어요. 내가 거기 불려가서 편지를 1년 동안 대필했어요. '양아버지 감사합니다. 보내주신 선물 잘 받았습니다.' 초안이 몇 개 있는데, 이런 경우는 이렇게 적고, 저런 경우는 저렇게 적으라고. 아이 사진 붙어 있는 서류 보고 거기 적힌 이름 확인하고 일일이 이름 바꿔서 편지 쓰고 그랬어요. 지금도 연락하는 형제복지원 출신 중 한 명이 당시 복지원 차를 운전했는데, 자기가 외부에서 아기를 차로 데리고 온 적이 있다고 하더라고요. 유아소대가 가득 차 있다가 어느 날 보면 한 명도 없고 그랬어

---

6   보건복지부가 입양기관들에서 취합한 1964~1987년 형제육아원, 형제복지원, 형제정신요양원에서 인수한 아동의 국제입양 현황이다. 홀트아동복지회는 1982년 만 1세의 아동 2명을 각각 노르웨이와 프랑스로 입양 보냈고, 대한사회복지회는 1983년에 만 1세 아동 3명, 0세 아동 1명을 모두 미국으로 입양 보냈다. 동방사회복지회는 1979년 미국과 호주로 0~5세 아동 5명을 입양 보냈다.

요. 어느 날 갑자기 침대에 있던 애들이 없는 거요. 그 애들이 어디 갔을까? 지금 생각해보니까 국제입양이야.

'형제복지원, 십자군연맹, 동방사회복지회'의 검은 연합

형제복지원과 십자군연맹, 동방사회복지회의 관계를 보면 세 기관이 긴밀한 관계를 유지했을 가능성이 크다. 《형제복지원 이렇게 운영되었다》에는 미국 선교단체 관계자들이 형제복지원을 찾은 사진이 실렸다. 여기에 등장하는 선교단체가 리빙스턴선교재단David Livingstone Missionary Foundation과 세계기독십자군연맹World Christian Crusade Association이다.

리빙스턴선교재단과 세계기독십자군연맹은 동방사회복지회의 전신이다.《東方社會福祉會 30年史》에 자세한 기록이 나온다. 동방사회복지회를 설립한 김득황 장로는 국회의원과 박정희 정권 시절 내무부 차관(1964년)을 지낸 인사다. 그는 1969~1972년 홀트아동복지회 이사를 지내기도 했다. 한국에서 선교와 복지 사업을 하려던 리빙스턴선교재단과 세계기독십자군연맹은 한국에서 사업 파트너로 당시 미국에 유학 중이던 김 장로를 택했고, 함께 일할 것을 제안했다. 이들의 도움으로 김 장로는 1970년 귀

국해 작은 사무실을 얻어 보육원과 개척교회를 후원하기 시작했고, 1971년 보건사회부에 한국리빙스턴선교회를 외원단체로 등록했다. 이후 김 장로는 1971년 11월 한국 리빙스턴선교회의 명칭을 한국기독교십자군연맹으로 바꾸고 본인이 이사장 겸 회장으로 취임했다.[7]

한국십자군연맹은 1972년 리빙스턴선교재단의 산하 기관인 딜론 청소년사업봉사회에서 '한국 고아입양사업 합의문'을 보내옴에 따라 본격적으로 국제입양 사업에 뛰어들었다. 세계기독십자군연맹은 보건사회부에 국제입양 기관 설치 허가서를 내고 같은 해 7월 29일 정식 인가를 받았다. 한국십자군연맹이 그해 후원한 26개소 영육아원 명단에 형제복지원 전신인 형제원이 등장한다. 동방사회 복지회는 해당 원에 수용 아동 한 명 당 매월 10달러를 후원했다고 밝혔다.[8] 동방아동복지회는 1997년 동방사회복지회로 개명해 지금까지 국제입양 업무를 하고 있다.

형제복지원에서 입양기관으로 인수된 아동 일부의 기록이 드러난 것은 1970~1980년대 입양기관들이 어떤 식

---

7 김득황 외,《東方社會福祉會 30年史》, 동방사회복지회, 2003.

8 이런 후원금액을 두고《東方社會福祉會 30年史》에 "2002년도 가치로 환산하면 1인 당 99만 원 이상 되는 액수였으니 후원을 받는 목회자나 시설장으로서는 상당한 도움을 받은 것이 된다"라고 기록했다.

2부. 한국 국제입양의 원동력

으로 입양 대상 아동을 확보했는지 보여주는 하나의 사례다. 1970~1980년대 국제입양이 한해 수천 명에 이를 시기에 입양기관들은 입양 대상 아동을 확보하려고 경쟁했다. 그 과정에서 입양기관들이 복지시설과 병원 등 의료기관에 양육비, 사례금 명목으로 돈을 줬다는 사실은 당시 보건사회부 감사로 확인되었다.[9] 보육원이 아니라 부랑인 시설인 형제복지원도 입양 대상 아동을 공급하는 역할을 했다는 것을 보면 입양기관의 이런 활동이 얼마나 광범위하게 일어났는지 유추할 수 있다.

이 사례는 기아 발생 시 공공기관과 사회복지시설이 어떻게 대응했는지 보여준다. 경찰은 부모를 찾으려는 별다른 노력 없이 형제복지원 등 시설로 아이를 넘겼고, 아이들은 다시 입양기관으로 보내졌다. 이런 이동 과정은 공적인 서류나 정확한 기록 없이 일어났다. 《형제복지원 이렇게 운영되었다》의 공식 운영기록에 영유아 관련 기록은 거의 찾아볼 수 없었다. 형제복지원은 경찰서나 구청에서 별도의 인수기록 없이 아동을 넘겨받았고, 입양기관이 다시 이 아동을 양육비를 주고 인수한 뒤 국제입양을 보낼 때, 비로소 이 아동의 출생신고 등 공적 기록이

---

9 〈입양아 확보 위해 뒷돈〉,《한겨레》, 1989. 9. 27.

발생했다고 보여진다. 입양 대상 아동의 입양이 결정되고 기아 호적(단독 호적)을 만들어 출생신고하는 일은 2012년 입양특례법 개정 전까지 일종의 관행이었다.

국제입양인 지원기관인 '뿌리의 집' 김도현 목사는 "보육원 등 시설에서 양육비를 받고 국제입양기관으로 보낸 건 아이들을 더 좋은 양육 환경으로 보낸다는 생각이었지만 표면적 행위만 놓고 보면 아이를 보호할 책무가 있는 단체에서 아이를 돈을 받고 매매한 것"이라고 지적했다.[10]

부랑인, 입양아동과 그 친생모인 미혼모들의 공통점이 있다. 기존 사회질서에서 배제된 이들이라는 것이다. 군사정변을 일으켜 집권한 전두환 정권은 정권의 정당성을 확보하기 위해 박정희 정권과 마찬가지로 산업화와 경제 발전을 국정 운영의 최우선 가치로 삼았다. 86아시안게임, 88서울올림픽 등 국제 스포츠경기의 성공적 개최는 선진국의 일원임을 국제사회에서 인정받고 정권의 정당성을 국내외적으로 확보하기 위한 중요한 정치적 수단이었다. 전두환 정권은 두 행사의 성공적인 개최에 방해가 된다고 생각하는 사회 구성원들을 폭력적인 방식으로 제거했다.

---

10 〈형제복지원도 입양기관과 공생관계였다〉, 프레시안, 2017. 10. 19.

2부. 한국 국제입양의 원동력

3. 민주화의 수혜에서 배제한 사람들

쿼터제의 시행과 실패

나는 한국의 고아입니다. 내가 어렸을 때 한국은 가난하다며 돈을 받고 나를 스웨덴에 팔았습니다. 한국은 경제 사정이 좋아진 지금도 여전히 아이들을 해외에 팔고 있습니다. 한국의 정치지도자로서 이런 국제입양 문제를 어떻게 생각합니까?

1989년 야당 총재로 스웨덴을 방문한 김대중 전 대통령은 한국계 입양인 레나 김 씨로부터 이런 질문을 받았다. 이 질문에 김 전 대통령은 "죄송합니다. 부끄럽습니다. 드릴 말씀이 없습니다"라고 고개를 숙였다. 이날 간담회 자리는 울음바다였다. 이 사건은 정치인 김대중에게 큰 영향을 끼친 것으로 보인다. 김 전 대통령은 임기 첫해인 1998년 10월 23일 청와대로 8개국에서 온 29명의 국제입양인을 특별 초청했다. 이 자리에서 김 전 대통령은 "우리가 정말 잘못을 저질렀다. 과거 경제적 어려움 때문이기도 했고 한국의 불행한 관습 때문이기도 했다"라고 입양인들에게 사과했다.

김대중 정부는 1999년 친가족을 찾기 위해 모국을 방문하는 국제입양인들을 위한 지원 사업을 시작했고, 준정부적 성격의 글로벌 입양 정보 사후서비스 센터를 설립했다. 그 후 입양정보센터, 중앙입양정보원(2009년 7월)을 거쳐 보건복지부 산하의 중앙입양원(2012년 8월)으로 자리잡았고, 2019년 7월 아동권리보장원으로 통합됐다. 김대중 정부는 1999년 입양인들에게 재외교포라는 법적 지위를 부여했다. 그 결과 이들은 2년까지 한국에 체류할 수 있는 비자를 받았고, 취업, 투자, 부동산 취득, 의료보험 취득, 연금 취득이 가능했다. 김대중 전 대통령이 지난 2009년 8월 서거했을 때 입양인들은 그의 죽음을 슬퍼하며 추도사를 읊기도 했다.

대한민국 역사상 처음으로 한국계 국제입양인들의 존재를 공식적으로 인정하고 국가의 이름으로 그들에게 사과했던 김대중 전 대통령도 입양 정책에 근본적인 변화를 만들지 못했다. 1997년 IMF 경제위기로 국제입양 규제를 풀어 국제입양아동의 숫자는 오히려 증가했다. 또 김대중 정부는 매년 국가 예산을 들여 입양인 초청행사를 했는데, 애초 의도와 달리 '성공한 입양인'의 존재만 부각하는 문제를 낳았다. 한국의 허술한 입양 관련 법과 제도 때문에 양부모의 나라로 보내져서 국적을 취득하지 못하거나 학대, 방임, 극단적으로 살해까지 당하는 어려움에 부닥친 입양인들의 문제는 오히려 정책 시야에서 벗어났다.

2기 민주 정부인 노무현 정부에서도 입양 정책에 큰 변화가 없었다. 노무현 정부 들어 2004년 국내입양 가정에 양육수당(당시 월 10만 원, 현재 월 15만 원)을 보조하는 정책이 도입되었다. 2005년 '입양의 날(5월 11일)'이 제정되고, 국내입양 가정에 입양수수료(당시 200만 원, 2019년 270만 원)를 보조해주는 정책도 도입되었다. 2004년 김근태 당시 보건복지부 장관은 서울에서 열린 세계한인입양인대회에 참석해 입양인의 고통에 사과하며 국제입양 중단을 약속했다. 하지만 박정희 정권, 노태우 정권과 마찬가지로 선언에 그치고 말았다.

1990년부터 노무현 정부 중반기인 2005년까지 16년간 국제입양아동 숫자는 2천 명 선으로 별다른 변화가 없었다. 노무현 정부는 국제입양을 줄이겠다며 과거 권위주의 정부에서 시행한 정책을 다시 꺼내 들었다. 2007년 유시민 전 보건복지부 장관은 국내입양 우선제(5개월 동안 국내입양을 우선으로 추진한 뒤 이에 실패할 경우 국제입양을 추진하도록 함)와 쿼터제(국제입양아동 숫자를 줄이기 위해 입양기관들에 국내입양 추진 실적에 따라 국제입양아동 숫자를 배분함)를 도입했다.

쿼터제는 1970년대 이래로 정부가 국제입양을 근절하겠다고 발표할 때마다 등장하는 정책이었다. 박정희 정부는 1976년 북한이 '남한은 고아를 수출한다'고 비난하자 '요보호 아동에 대한 입양 및 가정위탁 5개년 계획'을 수립하고 쿼터제를 도입했다. 1975년 당시 5천여 명이던 국제입양아동 숫자를 국내입양 500명, 가정위탁 500명씩 증가시켜, 매년 천 명씩 줄이겠다는 단순한 계획이었다. 당연히 실패할 수밖에 없는 정책이었다.

노태우 정부, 김영삼 정부도 쿼터제를 반복 시행했다. 입양은 아동이 출생 가정에서 분리돼 다른 가정으로 이동하는 과정이다. 마치 상품이 오가는 것처럼 '숫자'로만 접근하는 정책은 그 자체로 반인권적인 발상이고 성공하기도 어렵다. 안타깝게 노무현 정부도 입양이 발생하는 사회적 조건이나 배경을 고려하지 않고, 국내입양을 늘려 국제입양을 줄이겠다는 낡은 대책을 다시 꺼내 들었다.

더 큰 문제는 이 모든 대책을 정부가 발표하지만, 민간 기관인 입양기관이 구체적으로 추진한다는 것이다. 이들은 쿼터제나 직접적인 양육비 지원 이외의 국내입양 활성화 정책을 제대로 따르지 않았다. 정부는 입양아동의 이주허가서를 발급하는 것 이외 모든 입양과정을 입양기관에 맡겨놓은 상태에서 관련 정책을 강제할 행정적 수단도 의지도 없었다. 2008년 복지부의 입양기관 감사 결과를 보면, "홀트아동복지회는 입양 대상 아동에 대해 국내입양 우선 추진 기간 중 국내입양은 시도하지도 않고 국외입양을 추진하고, 국외에 입양된 아동의 국내입양 추진 기록을 유지하지 않고 있다"라고 위반 사실을 지적했다.[11] 이처럼 국내입양을 시도하지도 않고 국외입양을 추진하는 행태는 2013년 홀트아동복지회 특별감사에서도 문제로 지적했다.[12]

---

[11] 복지부 감사 결과 홀트아동복지회는 2007년 12월과 2008년 4~6월까지 3개월 동안 해외로 입양된 아동의 90퍼센트(139명)가 국내입양 우선 추진 기간 중 국제입양되었다.

[12] 홀트는 입양특례법 개정안이 시행된 2012년 8월 5일 이후 출산한 아동 115명 가운데 17명(14.8퍼센트)이 국내 양부모를 찾아보지도 않고 해외로 입양된 사실이 드러났다.

'고아수출국'의 입양특례법 개정을 둘러싼 파열음

박정희 정부 이후 국제입양 정책은 냉온탕을 오갔다. 아동보호 비용을 아끼기 위해 국제입양을 보내는 것이 기본 정책 방향이었다가, 북한이나 서구에서 '고아 수출'이란 정치적 비난이 쏟아지면 쿼터제 등을 동원해 일시적으로 입양아동 숫자를 줄이는 방식을 되풀이했다. 어느 정부도 국제입양이 왜 일어나는지, 입양이 친생부모와 그 아동에게 어떤 영향을 미치는 일인지 질문하지 않았다. 이는 한국 사회에서 '요보호 아동'은 인권의 주체이기는커녕 복지의 대상이 아닌 현실을 보여준다. 심지어 1998년 서울 도심 한복판에서 버젓이 '아동 밀매'가 일어났지만, 경찰은 이를 제대로 파악조차 하지 못했다.

박정희 정부 때 1962년 국내입양을 늘리겠다며 '고아 한 사람씩 맡아 기르기 운동'을 벌였던 일도 대표적인 인권 침해 사례다. 국제입양을 줄이겠다며 중산층 이상의 가정에 요보호 아동을 입양이나 위탁 보냈는데, 이런 강제 결연은 입양된 어린이가 파양되거나 부랑아로 전락하며 끝났다. 또 맡겨진 아동이 가사노동자나 단순노동자로 노동착취를 당하는 일까지 일어났다.[13]

IMF 직후인 1998년 서울 도심에서 미혼모나 극빈자의 갓난아이들이 매매돼 '껌팔이' 등 돈벌이 도구로 전락한다는 사실이 언론 보도로 확인되었다.[14] 서울역 인근의 용산구 동자동, 후암동, 양동 등에서 산부인과, 조산원과 연계된 알선자들이 미혼모나 극빈자들이 낳은 아기들을 1인당 200~300만 원씩 받고 껌팔이에게 팔아넘겼다. 이렇게 팔린 영아는 웃돈을 받고 되팔리거나 돈벌이 수단으로 활용되었다. 아이들이 자란 뒤에는 '앵벌이'로 직접 나서게 해 그들이 번 돈을 챙기기도 했다.

경찰은 당시 아동 밀매에 제대로 대응하지 못했다. 아동 밀매가 은밀하게 이루어지는데다 사들인 즉시 호적에 올려 서류상 자기 자식으로 만들었기 때문에 경찰이 손쓰기 힘들다는 이유였다. 언론 보도로 아동 밀매 수사에 착수한 경찰은 아동 밀매 조직과 연계되었다는 의혹을 받은 산부인과의 전직 간호사에게 이 병원에서 미혼모가 낳은 갓난아기를 법적 입양절차 없이 50~100만 원씩을 받고 아이를 원하는 사람에게 넘겨주었다는 진술을 확보했다. 특히 용산 일대만이 아니라 서대문구 소재 산부인과에서도 미혼모가 낳은 아기의 출생증명서를 거짓으로 꾸며 불

---

13   한국보건사회연구원, 〈우리나라 입양제도 개선에 관한 연구〉, 1999.
14   〈갓난아기 앵벌이로 팔린다: 충격의 현장 고발〉, 《경향신문》, 1998. 3. 27.

법 입양을 알선한 사실이 드러났는데, '영아 매매'가 예상보다 광범위한 범위에서 일어났다고 추정할 수 있다. 이들 아동 중 일부는 해외로 불법 입양되기도 했다.[15] 경찰은 또 남의 아이를 자신의 호적에 올려 껌팔이를 시킨 혐의(아동복지법 위반)로 2명을 구속했다.[16]

하지만 검찰 수사 과정에서 영아 밀매 관련 법규가 미비해 관계자들을 처벌할 수 없다는 것이 드러나, 우리 사회의 법제가 아동보호를 얼마나 등한시해왔는지 확인할 수 있었다. 당시 형법상 영아유기죄는 있었지만 아동을 파는 행위뿐 아니라 사는 행위를 처벌할 수 있는 법적 규정이 없었다. 돈을 주고 영아를 산 껌팔이도 아동복지법에 따라 아동에게 구걸을 시킨 행위만 처벌할 수 있었다.[17]

주무부처인 보건복지부는 일부 산부인과의 영아 불법 매매 사실을 오래전부터 알고 있었으면서도 단속이나 예방조치를 하지 않았다. 보건복지부는 1997년 5월 당시 손학규 장관 명의로 대한의사협회와 대한조산협회에 공문을 보내 '일부 의료기관의 미혼모가 낳은 아이들에 대한

---

15 〈영아 해외에도 불법 입양: 앵벌이꾼에 매매혐의 산부인과 통해〉, 《경향신문》, 1998. 4. 2.
16 〈신생아 3명 340만 원에 팔아: 간호조무사 등 3명 영장〉, 《한겨레》, 1998. 3. 31.
17 〈친권자 아기밀매 처벌 못 한다: 방치버릴 때만 '영아유기죄' 해당〉, 《세계일보》, 1998. 4. 1.

불법 입양 알선행위가 근절될 수 있도록 필요한 조치를 해주길 바란다'라고 협조를 요청했다. 하지만 보건복지부는 관련 단체에 협조요청 공문만 보낸 채 영아 불법매매 단속이나 이를 예방하기 위한 실태조사는 단 한 차례도 실시하지 않았다.[18]

박정희 정권은 국제입양 관련 법을 처음 제정했다. 이승만 정권 때도 몇 차례 국제입양 관련 법을 제정하려 했으나 국회를 통과하지 못했다. 5·16 군사정변 이후 1961년 국가재건 회의에서 다수의 법이 무더기로 통과할 때 '고아입양특례법'을 제정했다. 이 법은 고아와 혼혈아동을 외국으로 쉽게 보낼 수 있도록 절차를 간소화하는 것이 목적이었다.

고아입양특례법은 1976년에 제정한 '입양특례법'으로 대체되었다. 입양특례법은 입양 대상을 '보호시설에 보호받고 있는 아동'으로 바꾸어 고아가 아닌 아동도 입양할 수 있도록 했다. 정부는 입양특례법 제정 이유를 "보호시설에 수용된 불우아동의 국내외 입양을 촉진하고 불우아동을 건전하게 육성하고 양친가의 복리 증진을 기하기 위한 것"이라고 밝혔다. 아동의 권익이 아니라 입양부모의

---

18 〈영아 매매 근절을 公文 한 장 달랑: 복지부 알고도 伏地〉,《경향신문》, 1998. 4. 1.

권익 옹호가 목적이라고 규정한 것이다.

이후 입양특례법은 1995년 저조한 국내입양 실적을 개선하기 위해 '입양촉진 및 절차에 관한 특례법'으로 개정되었다. 이 법은 과도한 국제입양에 국내외 비판이 쏟아지자, 국내입양 활성화를 대안으로 선택했다는 사실을 보여준다. 미혼모 지원 등 친생가족에 의한 양육을 지원하는 것이 아니라 국내입양을 촉진하는 정책은 여전히 '정상가족 이데올로기'를 강화했다.

이명박 정권 시기 국제입양 관련 법의 근본적인 변화가 있었다. 하지만 이는 정부의 의지가 아니었다. 성인이 된 입양인들의 경험과 주장, 시민사회단체들의 개입, 미혼모와 아동 인권에 대한 한국 사회의 의식 변화, 헤이그협약 등 국제사회의 압력에 따른 '외과적 수술'이었다. 아동입양 가정법원 허가제 도입 개정안을 추진하는 당시의 법제적 분위기도 영향을 미쳤다.

이런 분위기 속에 2011년 8월 민주당 최영희 의원이 대표 발의한 입양특례법 전면 개정안이 국회를 통과했다. 정부 개정안이 아니라 당시 야당 의원이 대표 발의한 이 법안은 입양인 당사자들과 시민사회단체들이 참여한 법안이었다. 앞서 '입양 촉진 및 절차에 관한 특례법'이었던 공식 명칭을 '입양 및 절차에 관한 특례법'으로 바꾼 것

자체가 이 개정안의 성격을 잘 보여준다. 입양이란 친생부모와 아동의 뼈아픈 결별에 기초한다는 점에서 입양을 촉진하는 패러다임을 폐기하고 친생부모와 입양 위기의 아동이 결별하지 않고 함께 살아갈 권리를 보호하는 조치를 먼저 보장하는 것이 법 개정의 취지였다. 입양특례법 개정에 따른 가장 큰 변화는 법원, 보건복지부 등 공적 기관이 전혀 개입하지 않고 사적 기관인 입양기관에 일임했던 국제입양 과정에, 최소한 입양의 최종 결정은 가정법원의 판단을 거치도록 했다는 점이다. 입양특례법 제11조에 따르면, 아동의 입양은 출생신고 증빙 서류 등 필요한 서류를 갖추어 가정법원의 허가를 받아야 한다. 또 같은 법 2항은 '양자가 될 사람의 복리를 위하여 양친이 될 사람의 입양 동기와 양육능력, 그 밖의 사정을 고려하여 입양 허가를 하지 않을 수 있다'라고 규정하고 있다.

문제적 비자가 빚은 비극

미국으로 입양되는 아동이 입국 당시 받을 수 있는 비자는 네 종류이다. 헤이그협약에 가입한 국가에서 오는 아동은 HR-3, HR-4, 헤이그협약에 가입하지 않은 국가에서 오는 아동은 IR-3, IR-4 중 하나를 받을 수 있다. 한국 출신 아동은 IR-3, IR-4 비자 중 하나를 받는다.

IR-3 비자는 해외에서 아동입양 관련 법적 절차를 끝 낸 아동이 받을 수 있다. 미국에서 2000년 아동시민권법 Child Citizenship Act이 통과하면서 IR-3 비자를 받고 입국하는 아 동은 자동으로 시민권이 주어진다. 반면 출신국에서 입양 관련 법적 절차를 완료하지 못하고 미국으로 입국하는 아 동은 IR-4 비자를 받게 된다. 이 비자를 받은 아동은 입국 하면서 받는 영주권 10년이 만료되기 전에 입양부모가 미 국 내에서 별도로 법적인 입양절차를 완료해야 미국 시민 권을 받을 수 있다. 입양부모가 입양절차를 완료하지 않 을 경우, 입양아동은 시민권을 획득하지 못하며 불법체류 자가 될 수 있다. 미국 내에서 IR-4 비자를 받은 아동 중 한국 출신 아동이 가장 많다.[19]

입양이 가정법원의 입양 재판을 통해 결정되는 허가 제로 바뀌었지만, 지난 60년간 계속된 해외 대리입양의 역사는 쉽게 끝나지 않았다. 입양기관과 미국의 입양부모 단체의 반대 때문이었다. 이들은 양부모의 한국 방문을 의무화할 경우 한국 아동을 선호하지 않을 것이라고 주장

19　IR-3, IR-4 비자와 관련된 더 자세한 논의는 161~176쪽을 참고하라.

했다. 한국입양홍보회 측은 당시 양부모가 아이를 데려가기 위해 한국에 체류하는 기간도 줄여 약 10일 안에 모든 절차를 마칠 수 있도록 배려해달라는 청원을 복지부와 국내 입양기관에 전달했다.[20]

양부모가 한국을 방문하지 않고 입양할 수 있었기 때문에 한국 출신 아동은 IR-4 비자를 받았고, 양부모와 입양기관의 편의가 커지는 만큼 입양아동의 안전을 위협했다. 가정법원에서 입양 재판을 진행하더라도 양부모가 출석하지 않고 입양기관에서 대리할 경우, 한국 출신 입양아동은 IR-4 비자를 계속 받아야 한다. 입양기관과 미국 입양부모들은 이런 사실을 인지하면서도 한국에 방문하지 않을 수 있게 해달라고 압력을 넣은 셈이다.

당시 한국을 제외한 상당수의 나라가 국제입양 시 양부모 방문을 의무화했다. 에티오피아, 가나, 아이티, 온두라스는 외국인이 입양을 원하면 두 차례 입국하도록 규정했고 중국, 콜롬비아, 코스타리카, 인도, 홍콩은 양부모가 7주까지 국내에 머무르며 직접 입양절차를 직접 밟게 했다. 국제입양 문제에 있어서 한국이 얼마나 자국 출신 아동 인권 보호 문제를 등한시했는지 보여주는 대목이다.

---

20 〈입양특례법 개정에도 한국 아동 국제미아 위기〉, 연합뉴스, 2013. 4. 4.

가정법원은 양부모 출석 여부를 법 시행 후 9개월이 지나서야 확정했다. 입양특례법이 국회를 통과한 시점으로 따지면 1년 9개월이 지나서야 결론을 내린 셈이다. 덕분에 2013년에 미국으로 입양된 아동 중 68명이 입양 후 자동으로 시민권이 주어지는 IR-3 비자를 못 받고 IR-4 비자를 받았다. 그해 IR-3 비자는 71명이 받았다. 입양특례법 개정안이 시행되던 2012년에는 IR-4 비자를 628명, IR-3 비자는 단 한 명만 받을 수 있었다. 결과적으로 입양특례법 개정안이 통과된 후에도 696명이 IR-4비자를 받았다.

한국의 헤이그협약 가입을 가로막는 입양기관들

문재인 정부 들어 2018년 입양특례법 전면 개정이 다시 논의되었다. 문재인 정부는 헤이그협약 가입을 공언했는데, 이를 위해 선행적인 조치로 이행법을 만들어야 하기 때문이다. 헤이그협약 가입을 위한 입양특례법 전부 개정안은 지난 20대 국회 여성가족위원회 위원장인 남인순(더불어민주당) 의원실에서 발의했다. 복지부도 별도의 개정안을 준비하지 않고 이 개정안에 보조를 맞췄지만 20대 국회 회기가 끝나면서 법안은 자동 폐기됐다. 남인순 의원실은 21대 국회에서도 유사한 내용을 담은 법안을 발의한다는 입장이다. 개정안은 입양기관에 맡겼던 입양절차 전반을 국가와 지방자치단체가 관여하고 책임지도록 명시한 것이 가장 큰 변화다.

현재 입양 신청, 상담, 교육, 입양 적격심사, 결연, 입양 전 위탁, 사후 관리 및 서비스 모두 입양기관이 담당하고 있다. 이를 지방자치단체와 보건복지부에서 관할한다는 것이 개정안의 요체다. 국제입양의 경우도 입양아동 적격심사는 지방자치단체의 장이 담당하고 해외에서 한국 아동의 입양을 원하는 부모가 보건복지부에서 입양 신청을 해야 한다.

유엔아동권리협약과 헤이그협약은 입양에 있어서 아동 최선의 이익이 최우선으로 고려해야 한다고 선언하고 있으며, 입양을 권한 있는 공적 당국에서 관장할 것을 규정한다. 한국은 입양절차를 민간 입양기관에 전적으로 위탁하면서 입양과 국가의 아동복지체계를 분리 운영하고 있다. 미혼모가 입양기관을 찾아가 아이를 입양 보내달라고 요청하면 곧바로 입양절차를 개시한다. 입양을 선택한 미혼모가 아이를 직접 양육할 경우 받을 수 있는 공적인 사회복지서비스를 제대로 알고 선택했는지는 고려 사항이 아니다. 입양중개의 대가로 양부모로부터 수수료를 받는 입양기관에, 취약한 상황에 있는 미혼모가 아기를 직접 키울지 입양 여부를 결정하는 상담을 맡기는 것은 명백한 이해충돌이다.

헤이그협약은 원가정 보호를 천명하고, 원가정 보호가 불가능할 때는 국내에서 보호 가능한 가정을 찾고, 국제 입양은 최후의 수단으로 검토할 것을 원칙으로 한다. 일주일에 불과한 '입양 숙려 기간'을 늘릴 것을 남인순 의원이 제안했다. 필리핀은 3개월, 체코는 6주를 입양 숙려 기간으로 보장하는데, 입양 숙려 기간 동안 미혼모 상담과 지원을 우선 진행하고 있으며, 원가정 양육이 어려운 경우에는 일시 보호 시설 또는 위탁 가정에서 보호하도록 공적 지원 체계를 설계해두고 있다.

현재 10퍼센트대에 불과한 입양인의 친가족 찾기 문제에 '자신의 정체성을 알 권리'를 좀 더 적극적으로 보장할 개정안을 발의 중이다. 친가족 찾기는 성인이 된 입양인들에게 가장 절실한 일이기 때문에 법적으로 그 권리를 보장해야 한다.

입양기관과 입양부모들은 이런 개정 방향에 거세게 반발했다. 입양기관들은 2018년 1월 18일 청와대 국민청원게시판에 '남인순 의원의 입양특례법 전부 개정 제안은 전면 재고되어야 한다'는 제목의 청원 글을 올렸다. 또 입양부모들도 '입양특례법전부개정안 발의 저지를 위한 전국입양가족비상대책위원회'를 꾸리고 보도자료를 내는 등 적극적인 반대 운동을 펼쳤다. 이들 입양기관과 입양부모들은 21대 국회에서 개정안이 다시 발의되면 적극적인 반대 운동을 벌이겠다는 입장이다.

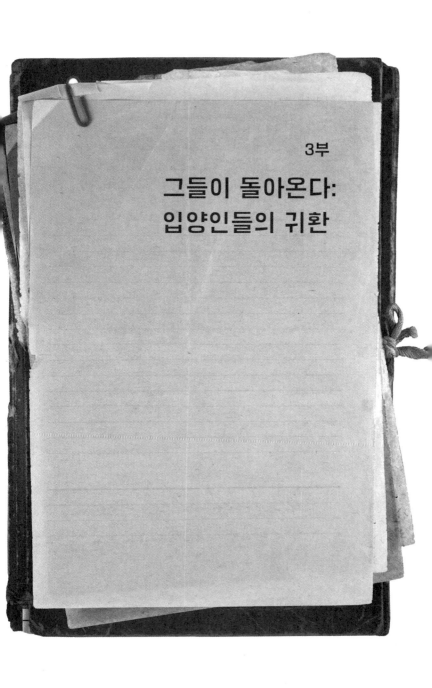

3부

그들이 돌아온다: 입양인들의 귀환

1. 정체성을 알 권리

입양인의 감정노동과 정체성 혼란

　스웨덴으로 입양된 한국 출신 입양인인 작가 리사 울림 셰블룸Lisa wool-rim sjöblom은 입양인들이 자신과 전혀 다른 외모(인종)의 부모, 형제와 살면서 가질 수밖에 없는 고민을 이야기한다. 출생의 궁금증, 배 속에서 자란 것은 아니지만 가슴 속에서 자랐다고 이야기하는 양부모와 관계, 학교와 사회에서 경험하는 인종 차별 등 '나는 누구이며, 왜 입양되었는지' 나를 향한 근원적인 의문은 열일곱 살에 친부모를 찾아야겠다는 생각을 하게 했고, 그 노력이 실패하자 자살 시도로 이어졌다.

우리 입양인들은 비행기를 타고 새 가족에게 온 날이 인생의 출발점이라고 배운다. 친모는 차츰 희미해지다가 결국 지워져버린다. 생일은 입양인에게 슬픈 날이다. 우리는 오히려 짙은 상실감을 느꼈다. 우리는 침묵하는 방식으로 슬퍼했다. 양부모를 화나게 하거나 상처 주면 안 되니까. 다른 사람들이 우리의 삶을 규정했다. 우리는 우리에게 주입되는 신화들을 스스로 익혀갔다. 이렇게 원래 가족과 나 자신은 우리 이야기에서 사라져갔다.[1]

벨기에로 입양된 전정식 작가도 10대 후반 비슷한 고민을 하며 극단적인 우울을 경험했다. 전 작가는 당시 양부모로부터 독립한 뒤 쌀밥과 타바스코소스만 먹으며 살다가 출혈성 위염으로 생사를 오갔다.

나는 행복하지 않았다. 최악은 내가 왜 불행한지 이유를 모른다는 사실이었다. 그런 식으로 음식을 먹으면 아플 수

---

1   Lisa Wool-Rim Sjöblom, *Palimpsest*, Ordfront Galago, 2016 [한국어판: 리사 울림 세블롬,《나는 누구입니까》, 이유진 옮김, 산하, 2018].

있다는 것을 나는 알고 있었다. 한 걸음 물러서서 생각해 보면, 무의식적으로 죽음을 원했던 게 아닌가 싶다. 입양아 유리는 훨씬 빠른 방법을 택했다(권총 자살). 역시 입양아인 유리의 누나는 마약 과용으로 죽었다. 다리가 짧았던 입양아 브뤼노는 목을 매달았다. 입양된 내 누이 발레리는 알 수 없는 자동차 사고 이후 죽었다. 입양아 안느는 혈관을 끊어서 죽었다. 자살을 시도했지만 실패한 입양아들도 언급하지 않을 수 없다. 입양아 미셸은 많이 나아졌다. 하지만 오랫동안 정신병원에 입원했다. 이 모든 한국인 입양 아들은 내가 아는 이들이다. 다들 우리 집에서 멀지 않은 곳에 살았고 모두 같은 학교에 다녔다.[2]

두 입양인 작가는 자신의 입양 경험을 다룬 책에서 자신의 정체성에 얽힌 고민과 그에 따른 우울증을 말한다. 지난 2008년 성인이 된 국제입양인들을 대상으로 한 설문조사에서 277명의 응답자 중 응답자의 약 80퍼센트(222명)가 그들의 삶에서 정체성의 위기를 경험했다.[3] 이 조사

---

2 Jung Henin, *Couleur de peau: miel*, QUADRANTS, 2008.

3 '살면서 정체성 위기를 경험해본 적이 있나요?'라는 질문에 응답자의 15퍼센트가 '자주 경험', 43퍼센트가 '몇 번 경험', 22퍼센트가 '한 번 경험', 20퍼센트가 '한 번도 경험한 적 없다'고 답했다.

에서 약 10퍼센트의 입양인은 알코올중독 경험이 있으며, 나이가 많을수록 더 많았다. 40대 이상은 17퍼센트가 알코올중독 경험이 있다고 답했다. 니코틴 중독 조사에서 약 36퍼센트가 니코틴에 중독된 경험이 있는 것으로, 약 12퍼센트가 도박이나 컴퓨터 게임에 중독된 적이 있다고 답했다.

응답자의 약 71퍼센트(190명)가 인종 때문에 학교에서 차별을 당했고, 24퍼센트(65명)가 그들의 입양가족에게, 34퍼센트(79명)가 직장 또는 일을 구하는 중에 차별을 당했다고 한다. 응답자 244명 중 절반 이상(52퍼센트)이 한국 사람에게 차별을 당했고, 이중 18퍼센트는 차별을 자주 겪었다고 한다. 결국 입양인들은 입양된 나라와 모국 양쪽에서 차별받고 있다고 느낀다.[4]

입양인들의 정체성 혼란과 우울증에 데이비드 응은 입양아들의 감정노동에 따른 결과라고 설명한다. 그는 백인 중산층 가정에 아시아 아동이 입양되면 입양아는 입양 부모와 그 사회에서 독특한 '감정노동'을 수행해야 한다고 분석했다. 입양아는 입양된 이후 '빚진 삶'을 보은하기

---

4 정애리, 〈국외입양인 실태조사 및 효율적 입양사후서비스 제공방안〉, 보건복지가족부 용역 연구, 2008.

위해 감정노동을 지속적으로 수행한다. 네덜란드로 입양된 윤주희 작가는 "새로운 부모님께 사랑받고 싶다는 소망과 그들의 친딸처럼 사랑받을 수 없을 것이라는 무력감 사이에서는 나는 동요했다"라며 완벽한 딸이 되기 위해 자연스럽게 조숙한 아이로 자랐다고 회고했다.[5]

입양인들은 또 학교, 지역 사회와 소통 과정에서 또 다른 감정노동을 한다. 옹에 따르면 "입양아동은 자신이 선택하지 않은 강제 이민과 비유럽적 신체로 서구 사회에 재빨리 동화해야 하는 생존투쟁에 노출된다. 아동은 입양된 이후 인종(차이)은 아무것도 아니라는 인종 색맹color blindness을 몸으로 보여주는 특수한 노동을 해야 한다". 입양인들은 백인 가정에서 백인들의 말과 문화를 배우며 그들에 동화한다. 하지만 가정 밖을 벗어나면 입양인들은 끊임없이 아시아인으로 인종적 배제와 차별을 겪는다. 이런 동화와 배제의 과정을 반복하면서 입양인들은 큰 혼란과 이에 따른 우울감에 빠진다.

입양인들은 이런 경험과 감정을 양부모나 주변 사람들 누구와도 공유할 수 없다. 양부모를 비롯한 주위 사람들은 입양인이 입양을 통해 얻어낸 물질적 가치에 주목하

---

5 윤주희, 《다녀왔습니다》, 박상희 옮김, 북하우스, 2007.

며, 입양을 행운이라고 생각한다. 이런 상황에서 입양인들은 자신의 친생가족의 배경을 서서히 상실하지만, 이런 상실은 입양을 통해 얻은 것에 비하면 보잘것없는 것으로 여겨진다. 이런 상황을 두고 응은 궁극적으로 신자유주의 시대에 국제입양은 매우 복잡한 국제 정치경제 지형 위에 놓여있다는 것을 강조하면서 말한다.

입양아가 기득권을 얻었다고 회자할 뿐, 입양 이후 잃어버린 것에 다들 무관심하다. 입양아는 이 상황에서 자신의 아픔을 수습하기보다, 입양된 고마움을 망각한 '배은망덕한 자녀'가 되는 것에 부채감과 부끄러움을 느낀다. 입양은 신자유주의 시대 '출산의 아웃소싱'이다.[6]

"나는 친부모가 누구인지 알 권리가 있습니다"

입양인 관련 단체에 따르면 연간 3천~5천 명가량의 국제입양인이 성인이 되어 한국을 찾는다. 입양인들이 한

---

6 David L. Eng, *The feeling of Kinship: Queer liberalism and the racialization of intimacy*, Duke University Press, 2010.

국을 찾는 이유는 '나는 누구인가'라는 질문에 답을 찾기 위해서다. 입양인들의 가장 큰 바람인 친생부모 찾기도 이 질문에 답을 얻기 위해서다. 유엔아동권리협약 제7조는 '아동이 자신의 부모를 알 권리The child shall have the right to know and be cared for by his or her parents'를 명시하고 있다.

입양인들이 자신을, 친생부모를 알아가는 과정은 녹록지 않다. 리사 울림 셰블룸은 입양인들이 친부모를 찾겠다고 하면 "(양부모의) 사랑을 받으면서 사랑을 받아들이는 능력이 없는, 사회와 가족에 적응하지 못한 문제아" 취급을 받는다면서 "어떻게 원래 가족에 대한 그리움을 혐오스럽고 병적인 것이라 여길 수 있냐"라고 의문을 제기한다. 셰블룸은 자신을 입양 보낸 대한사회복지회를 통해 끈질기게 추적한 끝에 처음 친부모 찾기를 시작한 지 20년 만에 친생모를 만났다.

한국, 나는 태어난 나라로 돌아왔다. 내가 버려진 나라로 돌아왔다. 한국, 나를 팔아버린 나라로…… 한국은 우리가 돌아올 거라 믿지 않았다. 한국은 우리가 자기 생각을 말할 수 있기도 전에 우리를 버렸다. 우리가 가족과 뿌리를 그리워하다가 다시 이 나라로 돌아올 거라고는 아무도 생각하지 않았다. 입양아동이 어른이 되어서 돌아오는 일에

어떤 준비도 하고 있지 않았다.[7]

2017년 7월 국제입양인연대Global Overseas Adoptees가 주최하는 '고향으로의 첫 여행' 행사에서 만난 유정현(한국 이름) 씨는 38년 만에 처음으로 한국을 찾았다. 생후 10개월인 1979년 4월 10일 미국으로 입양돼 한국을 떠났던 정현 씨는 "어디를 가도 나와 같은 얼굴을 한 사람들을 만날 수 있어 편안함을 느낀다"라고 소회를 밝혔다.

정현 씨는 1978년 6월 3일 태어나 같은 해 11월 25일 버려졌다. 이름과 생년월일이 적힌 쪽지와 함께 서울시 강북구 수유동 한 단독주택 앞에서 발견된 그는 경찰서를 거쳐 한국사회봉사회로 인계되었다.[8] 그로부터 5개월 뒤에 미국 미네소타에 사는 현재의 양부모에게 입양되었다. 현재 두 아이의 엄마인 정현 씨는 10년 전부터 친생부모 찾기를 시작했다. 그는 '23and ME'라는 기관에서 유전자 검사를 하고, 한국사회봉사회와 미국에 있는 입양기관에 연락해 관련 정보를 요청했지만 별다른 성과가 없었

---

7   리사 울림 세블룸, 《나는 누구입니까》.
8   '0월 0일 어디에 버려진 채로 발견됐으며, 생일이나 이름 등을 기록한 메모가 함께 발견됐다'는 이야기는 국제입양인들의 입양기록에서 짜 맞춘 것처럼 흔히 발견된다는 점에서 이런 기록이 진실일지 의심해볼 여지가 있다. 당시 입양기관이 '고아호적'을 만들기 위한 서류를 작성하는 과정에서 지어냈을 가능성이 크다.

다. 미국으로 입양된 후 처음으로 한국 땅을 방문한 이유도 친생부모의 정보를 얻기 위해서였다.

좋은 양부모님을 만나 행복한 어린 시절을 지냈습니다. 하지만 낳아준 친부모를 만나고 싶다는 열망은 사라지지 않았어요. 제 아이들도 엄마의 뿌리를 알고 싶어 합니다. 친부모를 원망하지 않아요. 만나면 잘 지내왔다고 말하고 싶어요.

채금지(한국 이름) 씨도 국제입양인연대 행사를 통해 처음으로 한국을 방문했다. 금지 씨는 1985년 6월 13일 부민 클리닉(마산 혹은 부산 소재)에서 태어났고 출생과 동시에 친모(30세 추정)는 병원을 떠났다. 금지 씨는 불과 생후 두 달 만인 그해 8월 22일 홀트아동복지회를 통해 덴마크로 입양되었다. 현재 로펌에서 법률 사무보조원으로 일하고 있는 금지 씨는 3년 전부터 친생가족 찾기를 결심하고 노력했으나 아무런 정보도 얻을 수 없었다.

입양인들이 자체적으로 만든 사단법인 국제입양인연대가 주관하고 보건복지부와 중앙입양원(현 아동권리보장원)이 후원하는 행사인 '고향으로의 첫 여행'은 지난 2008년 시작되었다. 10년 동안 총 160여 명의 국제입양인이

이 행사를 통해 한국을 찾았다.

한국에서 입양인들의 친생부모 찾기는 쉽지 않다. 입양인들은 입양특례법 제36조에 따라 자신의 입양과 관련된 정보를 청구할 권리가 있다. 하지만 친생부모의 이름, 생년월일, 주소 및 연락처 등은 친생부모의 동의가 있어야 공개가 가능하다(입양특례법 제36조 2항). 입양인들이 중앙입양원이나 자신이 입양 보내진 입양기관(홀트아동복지회, 동방사회복지회, 대한사회복지회, 한국사회봉사회)을 통해 입양 관련 정보 공개를 청구하면, 이들 기관은 45일 안에 결과를 통보해야만 한다.

보건복지부에 따르면 2017년 국제입양인이 정보 공개를 청구하는 사례는 총 1천568건이다. 이 중 친생부모 동의로 정보가 공개된 경우는 279건(17.8퍼센트)이었다. 상봉까지 이루어진 경우는 90건(5.7퍼센트)에 그쳤다. 정보 공개 청구 건수 중 과거 정보가 있기는 하나 부정확하거나 이사 등으로 확인할 수 없는 경우가 456건(29.1퍼센트), 무응답이나 사망으로 확인할 수 없는 경우가 428건(27.3퍼센트), 친부모가 정보 공개를 거부한 경우가 80건(5.1퍼센트)이다. 정보 자체가 없는 경우도 325건(21퍼센트)이다.

소라미 변호사는 "입양인의 알 권리보다는 친부모의 사생활 보호를 우선시한 결과"라면서 친부모의 사생활을 보호할 이익과 입양인의 알 권리가 조화를 이룰 방법을 적극적으로 모색할 필요를 지적했다. 정체성을 알 권리는 가장 기본적인 인권이다. 친생부모에 대해 알 권리를 명시하는 유엔아동권리협약에 한국은 1991년 가입했다. 한국이 가입한 국제조약은 국내법과 마찬가지로 효력을 갖지만, 입양인들의 '정체성을 알 권리'는 철저히 무시되고 있다.

입양기관들의 입양기록 '사유화', 방관하는 국가

입양인들의 친부모 찾기가 어려운 근본적인 이유는 2013년 국제입양에 법원 허가제를 도입하기 전까지 모든 입양 관련 서류를 입양기관이 갖고 있었기 때문이다. 또 국제입양을 보내는 아동들은 출생신고를 하지 않고 입양기관장을 후견인으로 해서 단독 호적(고아 호적)을 만들었던 관례도 아동의 출생 관련 정보를 누락시키는 역할을 했다. 대부분의 입양 서류가 공적 기관의 관리와 통제 밖에서 만들어져 관련 서류가 얼마나 정확한 정보를 담고 있는지 확인조차 어려운 상태다.

게다가 입양기관들은 입양 관련 기록을 '사유 재산'이

라는 이유로 중앙입양원 등 공적 기관에 이양하지 않았다. 그간 4대 입양기관을 통해 해외로 보낸 입양인들의 숫자가 16만여 명이므로 이들의 친생부모와 입양부모가 각각 64만여 명, 산술적으로 80여만 명의 개인정보가 담긴 공부를 민간기관이 갖고 있다. 국내입양(8만여 명)까지 포함하면 120여만 명의 개인정보를 가진 셈이다.

입양기관이 가진 개인정보는 친생부모 찾기에 있어 매우 중요한 정보다. 2012년 시행된 입양특례법 개정안을 통해 입양 사후 관리 등을 위해 공공기관인 중앙입양원이 설립되면서, 입양기관이 가진 개인정보의 이관 및 공유는 입양인들에게 주요 관심사로 떠올랐다.[9] 하지만 입양 실무를 담당해온 입양기관들은 중앙입양원에 입양인과 관련해 51개 항목에 상응하는 정보만 이관했다. 입양기관들은 영어로 쓰인 정보만 중앙입양원에 제공하고, 입양인 개개인의 편지와 메모지, 스크랩 등 친생부모 찾기에 어쩌면 가장 중요할 수 있는 비공식 정보는 입양기관들의 사적 소유물이라고 주장하고 있다.

입양인들은 여전히 중앙입양원이 아니라 입양기관을

---

9   입양특례법 제26조에 따르면, 중앙입양원은 1. 입양아동, 가족 정보 및 친가족 찾기에 필요한 통합데이터베이스 운영 2. 입양아동의 데이터베이스 구축 및 연계 3. 국내외 입양 정책 및 서비스에 관한 조사, 연구 4. 입양 관련 국제협력 업무 등을 수행한다.

통해 더 많은 친생부모 관련 자료를 얻을 수밖에 없고, 입양기관들은 자의적인 잣대로 입양인들에게 관련 정보를 제공하고 있다. 이런 상황의 개선은 헤이그협약 가입을 위해서도 필요하다. 헤이그협약 제30조에 따르면, 체약국의 권한 당국은 아동 출생정보, 특히 병력과 그 부모의 신원에 관한 정보를 보존해야 한다. 이미 협약을 체결한 국가들은 입양기록물을 중앙(권한) 당국에서 보관하고 있다.

한국에서 국제입양을 가장 많이 보낸 시기는 1970~1980년대다. 입양인들은 입양된 국가에서 이방인으로 살아가다 성인이 되어 자신의 정체성을 찾기 위해 한국을 찾는다. 1961년에 미국으로 입양된 앨런 메이저스 씨는 "2018년 4월 열한 번째로 한국을 방문했다. 자기 정체성만큼이나 인생에서 근본적인 것은 없기에 잃어버린 정체성의 조각을 찾고 경험하려는 욕구가 자꾸 한국으로 이끄는 것 같다"라고 말했다.[10]

상황이 열악하니 국제입양인들이 직접 DNA를 채취해 가족 찾기에 나서기도 한다. '325KAMRA', '23and ME' 등 한국계 입양인들이 만든 조직이 입양인들의 DNA와 한국

---

10 황선미, 〈정체성의 조각을 찾아 한국에 이끌립니다〉, 미디어다음 스토리펀딩 '오늘도 국제입양을 보내는 나라' 제2화, 2018. 5. 31.

내 친생가족의 DNA를 수집해 대조하며 친생가족 찾기를 돕고 있다. 국내에서 DNA를 수집해 미국으로 보내면 현지에서 분석이 이루어지고, 입양인의 DNA와 대조해 양쪽의 DNA가 맞으면 친자 관계를 확인할 수 있다.

2015년 국제한인입양인협회IKAA 325호실에 모인 입양인들이 첫 발기인으로 시작한 '325Kamra', 즉 한인혼혈입양인연합Korean Adoptees and Mixed Race Association은 DNA 검사를 통해 입양 또는 실종으로 헤어진 가족들의 재회를 돕는 비영리 단체다.[11] 당시 325호실에 모인 입양인 대부분이 아버지가 미군이었던 혼혈 입양인들이었고, 미국은 한국보다 유전자 검사가 진단 목적으로 활발하게 진행되어 이를 통해 친아버지나 친인척을 만날 가능성이 크다는 사실에 공감해 혼혈 입양인들 중심으로 논의가 진행되었다.

'325Kamra'를 통해 재회한 가족 숫자는 생각보다 많았다.[12] 2019년까지 유전자 검사를 통해 가족관계가 확인

---

11   '325Kamra'의 공식 웹사이트(https://www.325kamra.org) 참조.
12   '325Kamra'에서는 구강상피세포를 사용해 유전자 검사를 하고, 유전자 정보는 FTD-NA(유전자 검사업체)의 데이터베이스에 입력되어 유전자를 공유한다. 그 결과를 기반에 두고 친생가족을 찾는 과정(연락, 기본적인 정보 확인 등)을 이 단체의 매니저들이 돕고 있다. 개인적으로 검사를 받으려면 100달러 이상의 돈이 필요하지만, 이 단체에서는 친생가족을 대상으로 무료로 유전자 검사를 진행한다. 혼혈 입양인이자 의료기기업체 대표인 토머스 클레멘트 씨가 DNA 키트를 기부하고 있기 때문이다. 이 단체는 유전자 검사의 정확도를 높이기 위해 한국인 유전자 데이터베이스를 확장시키고자 일반 한국인들을 상대로도 무료로 유전자 검사를 제공한다.

된 경우는 120가족, 친족 관계를 확인한 뒤 양쪽의 의사를 확인하고 재회한 가족은 총 66가족이다. 이 중 19가족이 한국에서 가족을 만났다. 유전자 검사를 통한 가족 찾기의 장점 중 하나는 여러 가지 가능성을 열어준다는 점이다. 또 유전자 검사를 통해 친아버지의 친척과 연결이 되어 친아버지를 찾고, 친아버지에게 친어머니 관련 정보를 받아 친어머니와 재회한 사례도 있다. 입양기관을 통한 가족 찾기가 친생부모에 국한되어 있다는 것에 비하면 훨씬 더 많은 가능성이 있다.

이는 일의 성격상 민간단체가 아니라 정부나 공공기관에서 진행해야 할 사업이다. 현재 실종아동 찾기는 그렇게 하고 있다. 실종아동보호 및 지원에 관한 법률에 따라, 실종아동과 그 가족의 경우 유전자 검사를 받을 수 있으며, 경찰이 실종아동 관련 유전자 데이터베이스를 관리하고 있다. 이 유전자 검사는 보호시설 입소자, 보호자가 확인되지 않는 정신의료기관 입원환자, 실종아동을 찾고자 하는 가족, 무연고 아동만 받을 수 있다. 국제입양인의 경우, 친생부모의 이름을 알고 있다면(입양 서류에 부모의 이름이 기재된 경우) 무연고 아동이라고 볼 수 없으므로 유전자 검사를 받을 수 없다.

국제입양인들은 정부가 나서서 유전자를 수집, 관리해

주기를 바라지만 현실적으로 쉽지 않다고 한다. 국내에서도 유전자 채취를 통한 실종자 찾기가 운영되고 있지만, 제도상 친생부모가 아이를 잃어버렸거나 입양 보낸 사실을 정확하게 입증해야 한다. 과거 출생신고나 관련 정보 정리가 부실했던 사례가 많았음을 감안할 때 현실적이지 못한 기준이다.

지난 65년간 정부가 20만 명이 넘는 아이들을 국제입양을 보냈다는 사실을 감안할 때, 입양아의 알 권리를 위한 특단의 조치가 필요하다. 성인이 된 입양인들의 절박한 '정체성' 문제를 입양특례법의 한 조항만으로 보장하고 있다는 것은 그들의 문제를 지나치게 축소하는 행태다. 정부가 입양인들의 '정체성을 알 권리'를 법과 제도로 확립하지 않는 것은 입양인의 알 권리 보장 책임을 여전히 입양기관에 떠넘기는 처사라고 할 수 있다. 입양인들의 인권을 보장하려면, 행정기관 혹은 사법기관의 의무와 역할을 구체적으로 규정해야 한다. 이를 실현하기 위해서는 입양절차를 규정하는 입양특례법이 아니라, 국제입양인의 정체성 권리 보장을 위한 별도의 특별법이 필요하다.[13]

---

13 〈나는 친부모가 누구인지 알 권리가 있습니다〉, 프레시안, 2017. 7. 31.

2. 입양아동의 시민권과 한국 정부의 거짓말

한미 양 정부가 시스템으로 만들어낸 추방입양인

2012년 8월의 입양특례법 개정은 매우 중요한 사건이다. 한국 정부는 국제입양 과정을 책임지지 않고 입양기관에 맡겨왔다. 한국의 입양기관들은 마찬가지로 미국의 사회복지체계 내에 들어가 있지 않은 미국의 사설 입양기관들을 파트너로 삼아 한국과 미국 간 국제입양 업무를 전담했다. 입양이 해외 양부모들에게 수수료를 받는 돈벌이 수단이 되면서 관련 절차는 간소화되었다. 추방입양인 문제의 근원 역시 입양 보내기에만 급급한 시스템에 있다.

미국에서 입양인 국적 취득 문제는 오래전부터 논란의 중심에 있었고, 이에 미국 의회는 2000년 아동시민권법을 통과시켰다. 이 법은 2001년 2월 발효되어, 입양이 완료된 만 18세 이하 입양인은 별도의 시민권 획득 절차를 밟지 않아도 자동으로 시민권을 취득할 수 있는 장치를 마련했다. 외교부 영사서비스과에 따르면, 만 18세 이하 입양인(1983년 2월 말 이후 출생)은 일괄적으로 미국 국적을 취득했다는 입장이다.

하지만 이는 사실이 아니다. 2014년 이전까지 입양된 대다수 한국 입양인들은 과거 입양된 이들과 마찬가지로 시민권 미취득 가능성이 여전히 크다. 한국 입양아동이 받은 비자 때문이다. 입양특례법 개정으로 가정법원을 통한 입양 재판이 제대로 진행되기 시작한 2013년 중반에 이르러 한국 아동은 아동시민권법이 적용되는 IR-3 비자를 받고 미국으로 입국했다. 2001~2013년 IR-4 비자를 받고 입국한 아동 1만 5천498명은 미국에서 입양이 완료된 사실을 확인해야 시민권을 받을 수 있다. 미국 국무부 한국 대사관 담당자와의 이메일 인터뷰를 통해 다음과 같은 사실을 확인했다.

<表 6> 시민권을 보장하는 IR-3 비자와 시민권 취득이 불분명한 R-4 비자로 입양된 한국 출신 미국 입양아의 연도별 수치 비교

연도	IR-3	IR-4
2001	9	1,861
2002	9	1,770
2003	4	1,786
2004	6	1,710
2005	2	1,628
2006	2	1,374
2007	3	936
2008	3	1,062
2009	2	1,082
2010	4	859
2011	2	734
2012	1	628
2013	71	68
2014	370	0
2015	317	0
2016	261	0
총계	1,066	15,498

출처: 미 국무부, 미 국무부의 연도별 비자발급 통계에서 한국 통계를 찾아 집계.

2000년 아동시민권법은 일부 입양아들에게 자동적으로 미국 시민권을 보장하고 있지만, 미국 입국 시의 비자 유형에 따라 자동 시민권을 부여하기 때문에 이와 다른 비자를 받은 입양아도 자동적으로 미국 시민권을 받을 수는 없다. IR-4 비자를 받으면 자동으로 미국 시민권을 받을 수 없다. IR-4 비자를 받은 어린이는 미국 법정에서 입양될 때 시민권을 받는다.

한국은 IR-4 비자를 가장 많이 받은 나라다. 상대적으로 IR-4 비자를 적게 받은 2012년 미 국무부 통계를 보면, 미국은 전 세계 1천506명의 아동에게 IR-4 비자를 발행했고 이 중 628명이 한국 아동이다. 한국, 우간다(226명), 콩고민주공화국(211명), 에티오피아(114명), 모로코(57명) 순으로 IR-4 비자를 받았다. IR-4 비자를 받고 간 입양아동의 양부모가 미국에서 재입양절차를 누락하면, 입양아동은 미국 시민권을 취득할 수 없고 추방 위험에 처한다.

국제입양의 주무부처인 보건복지부도 이런 문제를 2012년 이후 알았다. 보건복지부는 2012년 추방입양인 대책으로 미국 입양인 시민권 취득 문제에 대한 전수조사를 처음으로 실시했다. 당시 이 업무 담당자 중 한 명은 아동시민권법 적용이 안 되는 18세 이상 성인 입양인을 대상으로 전수조사를 시행했다고 밝혔다. 18세 미만 아동은 전수조사 대상이 아니었다.

유엔아동권리협약은 '아동의 입양은 반드시 권한 당국의 결정에 의해서만 이루어지도록 해야 한다'(21조의 a)

라고 규정한다. 한국은 1991년 유엔아동권리협약에 가입했지만 이 조항은 유보했다. 유엔아동권리협약 가입국 196개국 중에 입양제도를 채택하고 있으면서도 '21조의 a'를 유보하고 있는 국가는 한국이 유일하다.

미국 정부도 아동의 입양절차 완료와 시민권 취득을 담보할 수 없는 한국의 취약한 입양절차를 알면서도 한국 출신 입양아동의 입국을 허용했다. 결국 한국과 미국의 허술한 입양제도, 이를 뻔히 알면서도 감독과 제재를 하지 않은 양국 정부 때문에 '추방입양인'이라는 비극이 발생했다.

2000년대 이후 추방입양인들이 발생한 것은 미국 추방법의 변화와 연관이 있다. 미국은 1996년 외국인 추방 관련 법제를 대폭 강화하여, 추방 대상 범죄를 확대하고, 소급적용할 수 있도록 했다. 이전에는 구제를 위한 청문절차를 여러모로 활용했으나 이런 절차를 없애버렸고, 강제구금 대상도 확대했다. 이런 미국 추방제도의 변화는 2000년대에 들어서 입양인 추방 현상이 두드러지는 상황과 맞물려 나타난다.[14]

---

14 이경은, 〈국제입양과 국적에 대한 국제규범과 미국의 한국 출신 입양인 추방〉, 《인권연구》, 2018.

입양국가에서 국적 취득을 하지 못해 성인이 되어 한국으로 추방된 입양인들은 한국 정부가 자국의 아동을 해외로 입양 보내는 일을 얼마나 무책임하게 처리했는지 극명하게 보여준다. 아동의 국제입양은 출신국의 입양법, 수령국의 이민법, 입양법, 국적법적 절차를 모두 거쳐야 완료되는 만큼 복잡하고 시간이 걸린다. 한국의 입양법과 입양제도가 60여 년 동안 이런 과제를 외면해온 탓에 성인이 된 입양인들이 이중, 삼중의 피해자로 나타난다.

미국과 같은 아동 수령국 입장에서 입양은 '이민'의 한 종류이기도 하다. 따라서 입양을 위한 입국과 국적 획득 과정을 분리해 관리할 수밖에 없다. 한국으로 추방된 입양인들은 모두 양부모가 아동의 국적 취득 절차를 따로 밟지 않았다. 양부모의 불찰 때문에 국적을 취득하지 못하고 영주권 기간이 지나 '불법체류자' 신분인 입양인들이 범죄를 저지르면 미국 정부의 추방 대상인이 될 수 있다. 2019년 현재 미국 네바다주와 텍사스주에도 추방 위기에 처한 한국 출신 입양인들이 있다.

입양인들의 국적 취득 문제를 연구하고 있는 태미 고 로빈슨Tammy Ko Robinson에 따르면, 미국뿐 아니라 오스트레일리아에서도 한국 출신 입양인들이 국적을 취득하지 못한 경우가 있다. 미국 국제입양인들의 시민권 취득을 위한 단체인 '입양인 권익 캠페인The Adoptee Right Campaign'은 현재 미국 국제입양인 중 약 3만 5천 명이 시민권을 획득하지 못한 것으로 파악한다. 보건복지부는 2017년 6월까지 미국으로 입양된 이들 중 1만 9천429명의 국적 취득이 불분명하고 밝혔다. 국적 미취득 입양인 중 절반 이상이 한국 출신 입양인인 셈이다.

보건복지부는 1977년 미국으로 입양되었으나 34년 만인 2011년 서울 이태원에서 노숙자로 발견된 팀(한국 이름 모정보)의 사례에 주목하여, 미국 입양인들의 시민권 취득 문제를 조사했다. 2012년 당시 2만 3천여 명의 입양인들의 시민권 취득 여부가 확인되지 않았다. 그 이전까지는 관련 통계조차 파악하지 못했다.

보건복지부의 통계가 정확하다고 보기 어렵다. 이 숫자는 4대 입양기관을 통해 해외로 입양된 아동의 국적 취득 여부를 확인한 수치다. 태미 고 로빈슨은 4대 입양기관 이외의 다른 입양기관을 통해 건너간 입양인들을 포함하면, 한국이 지난 60여년간 입양 보낸 아동의 수가 보건복지부 통계인 16만 5천여 명보다 훨씬 많은 20만 명으로 보는 게 맞기 때문에 실제 국적 미취득 입양인은 더 많을 수 있다는 입장이다. 미국과 호주 정부의 기록에 따르면 1950~1960년대에 펄벅재단을 통해 상당수의 한국 아동이 국제입양되었지만 이 숫자는 한국 정부 통계에 들어와 있지 않다. 입양기관을 거치지 않고 교회, 고아원 등을 통해서도 상당 수의 아동이 국제입양 보내졌다.[15]

추방입양인 문제는 한국과 미국 정부의 책임이다. 하지만 한국 정부는 정책의 가장 기본이 되는 '숫자'조차 제대로 파악하지 못하고 있는 상태다. 외교부 영사 서비스과는 추방 절차를 다음과 같이 설명했다.

미국에서 국적을 취득하지 못한 상태로 우리나라에 추방된 입양인 통계는 없다. 이는 입양 여부, 범죄 여부 등에 대한 사실관계 확인이 영사접견 등 당사자의 진술에 기초하기 때문이다. 국제입양인이 미국 사법당국에 의해 추방이 확정될 경우 본인 또는 미국 사법당국이 우리나라 재외공관에 입국을 위한 여행문서(여권 또는 여행증명서) 발급을 요청한다. 재외공관은 여권법 등 관계 법령에 따라 여행문서를 발급하되, 우리나라 국적 진위 및 인도적 사유 등을 종합적으로 고려하고 있다.

---

15 〈나는 친부모가 누구인지 알 권리가 있습니다〉, 프레시안, 2017. 8. 31.

입양인의 국적 상실을 방관하는 공모자들

법무부고시 제1호

좌기자는 단기 4287년 10월 22일 자로 미국인美國人, ○ ○
○의 양자로서 미국의 국적을 취득한바 국적법 제12조 제
2항에 의하여 대한민국의 국적을 상실한바 국적법 시행령
제3조에 의하여 차를 수리한다.

—단기 4287년 12월 1일 법무부 장관

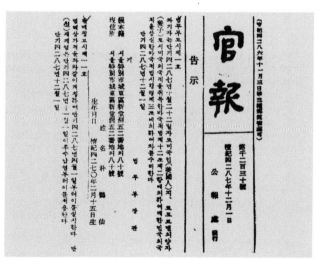

1954년 관보에 실린 법무부고시 1호.

단기 4287년, 즉 서기 1954년 12월 1일 관보에 실린 '법무부고시 제1호' 내용이다. 대한민국 국적법은 대한민국 국민의 요건을 정함을 목적으로 한다. 국적법은 정부 수립 이래로 여러 차례 개정이 있었지만 '외국인에게 입양되어 그 양부 또는 양모의 국적을 취득하게 된 자'를 '외국 국적 취득에 따른 국적 상실'의 이유 중 하나로 꼽고 있다.[16]

정부가 국민에게 널리 알릴 사항을 편찬하여 간행하는 국가의 공고 기관지인 관보官報에는 국적법에 따라 국적 상실자를 고시해왔다. 국적 상실자 역시 국적법에 명시돼 있다.[17] 국적 상실에 관한 법무부고시를 보면 국제입

---

16 관련 국적법 조항은 다음과 같다. 국적법 제15조(외국 국적 취득에 따른 국적 상실) ① 대한민국의 국민으로서 자진하여 외국 국적을 취득한 자는 그 외국 국적을 취득한 때에 대한민국 국적을 상실한다.

② 대한민국의 국민으로서 다음 각호의 어느 하나에 해당하는 자는 그 외국 국적을 취득한 때부터 6개월 이내에 법무부 장관에게 대한민국 국적을 보유할 의사가 있다는 뜻을 신고하지 아니하면 그 외국 국적을 취득한 때로 소급遡及하여 대한민국 국적을 상실한 것으로 본다. 1. 외국인과의 혼인으로 그 배우자의 국적을 취득하게 된 자 2. 외국인에게 입양되어 그 양부 또는 양모의 국적을 취득하게 된 자 3. 외국인인 부 또는 모에게 인지되어 그 부 또는 모의 국적을 취득하게 된 자 4. 외국 국적을 취득하여 대한민국 국적을 상실하게 된 자의 배우자나 미성년의 자子로서 그 외국의 법률에 따라 함께 그 외국 국적을 취득하게 된 자

③ 외국 국적을 취득함으로써 대한민국 국적을 상실하게 된 자에 대하여 그 외국 국적의 취득일을 알 수 없으면 그가 사용하는 외국 여권의 최초 발급일에 그 외국 국적을 취득한 것으로 추정한다.

④ 제2항에 따른 신고 절차와 그 밖에 필요한 사항은 대통령령으로 정한다.

17 국적법 제17조(관보고시) ①법무부장관은 대한민국 국적의 취득과 상실에 관한 사항이 발생하면 그 뜻을 관보에 고시하여야 한다.

| 제14678호 | 관 | 보 | 2000.12.13. (수요일) |

◉법무부고시제2000-479호
다음 사람들은 국적법 제15조 규정에 따라 대한민국 국적을 상실합니다.

2000년12월13일

법무부장관

성 명	생년월일	성별	본	적	취득국적	상실사유	국적상실일	호주성명
배 용 ■	1996. 1. 3.	남	서울 서대문구 창천동 493		미 국	입 양	1998.10. 7.	배 용 ■
안 재 ■	1995.12.30	여	″		″	″	1997.10. 6.	안 재 ■
전 재 ■	1996. 1.10.	″	″		″	″	1998.12.18.	전 재 ■
이 동 ■	1996. 1.20.	남	″		″	″	1999. 9.29.	이 동 ■
박 지 ■	1996. 1.16.	여	″		″	″	1999. 4. 1.	박 지 ■
김 영 ■	1996. 1.21.	″	″		″	″	1997. 9.25.	김 영 ■
선 동 ■	1996. 1.22.	남	″		″	″	1999. 3.30.	선 동 ■
선 동 ■	1996. 1.22.	″	″		″	″		
구 혜 ■	1995. 8.12.	여	″		″	″	1997.12.24.	구 혜 ■
박 영 ■	1996. 1.29.	″	″		″	″	2000. 4.10.	박 영 ■
나 도 ■	1996. 1.31.	남	″		″	″	1999. 3.30.	나 도 ■
최 은 ■	1996. 2. 1.	″	″		″	″	1999. 4.22.	최 은 ■
유 순 ■	1995. 5.31.	″	″		″	″	1998.11.10.	유 순 ■
윤 은 ■	1996. 2. 6.	″	″		″	″	1999. 4.15.	윤 은 ■
김 경 ■	1996. 2. 6.	여	″		″	″	1999. 3.23.	김 경 ■
서 명 ■	1996. 2.12.	남	″		″	″	1999. 1.21.	서 명 ■
원 미 ■	1996. 2.15.	여	″		″	″	1999.10.28.	원 미 ■
이 서 ■	1996. 2.16.	″	″		″	″	1998. 6.25.	이 서 ■
정 영 ■	1996. 2.24.	″	″		″	″	1999. 4.28.	정 영 ■

2000년 12월 13일자 관보에 실린 법무부 고시(개인정보 보호 차원에서 이름의 마지막 자는 모자이크로 처리).

양 관행의 적나라한 모습을 확인할 수 있다. 1986년 10월 21일 발생한 관보 제10466호에 실린 법무부고시(제266호, 제267호, 제269호, 제269호, 제270호)에 따르면, 국적 상실자 189명의 상실 사유가 '입양'이다. 이들 189명은 모두 본적이 같다. 주소지도 동일하다. 서울 마포구 합정동 382-14. 입양기관 중 하나인 홀트아동복지회의 당시 주소다. 이들 189명 중 173명이 미국 국적을, 나머지 16명 중 14명은 독일, 2명은 벨기에 국적을 취득했다.

2000년 12월 13일 발행한 관보 제14678호에 실린 법무부고시(제2000-479호, 480호, 482호)를 보면, 국적 상실자 149명의 상실 사유가 '입양'이다. 149명 중 134명이 미국 국적을, 15명은 호주 국적을 취득했다. 이 149명 중 단 1명을 제외한 148명의 본적이 같다. 서울 서대문구 창천동 493. 입양기관 동방사회복지회의 당시 주소다. 앞서 본적이 다른 한 명을 제외한 148명이 본인의 이름과 호주의 이름이 같다.

이는 148명이 입양기관에서 국제입양을 위해 입양기관장을 후견인으로 하여 기아 호적(고아 호적)을 만들어 입양을 보냈다는 말이다. 앞의 1986년 관보에 고지된 189명의 본적이 같다는 것으로도 기아 호적을 만들어 입양 보내졌다고 추정할 수 있다. 2012년 8월 입양특례법 개정 이전까지 국제입양을 보낼 때 서류를 간소화하기 위해 거짓으로 기아 호적을 만드는 게 일종의 관행이었다. 이처럼 본인의 이름과 입양기관의 주소 이외의 정보가 없는 가짜 호적은 이후 입양인들이 성인이 되어 자신을 낳은 친생부모를 찾고자 할 때 큰 장애물로 작용한다.

국적 상실자에 대한 법무부고시는 국적법에 따른 것이기 때문에 지금도 관보에 실린다. 1954년 이래로 국제입양이 완료돼 대한민국 국적을 상실한 이들의 명단을 법무부가 갖고 있다는 뜻이다. 한편 1954년 이후 입양기관을 통해 입양을 목적으로 해외로 나간 이들의 명단과 숫자는 보건복지부가 파악하고 있다. 따라서 보건복지부가 가진 명단과 법무부가 고시한 명단을 대조하면, 입양을 목적으로 해외로 이주했으나 다른 나라의 시민권을 취득하지 못한 사람의 명단과 숫자를 파악할 수 있다. 이는 보건복지부가 입양기관들이 추적 조사한 숫자를 취합해 발표한 국적 미취득자 현황과 비교하면 훨씬 정확하다.

현재 국제입양과 관련된 업무는 보건복지부 아동복지정책과에서 담당하고 있다. 하지만 국제입양은 이주, 국적 상실, 외국 국적 취득 등 보건복지부 업무 영역을 넘어서는 부분까지 포함한다. 상대적으로 행정부처 내에서 권한이 크지 않은 보건복지부가 입양인들의 국적 미취득 문제에 법무부와 외교부에 먼저 공조를 요청하기 쉽지 않다. 입양인들은 보건복지부가 자체적으로 해결할 수 없는 문제에 법무부와 외교부의 공조를 강제할 수 있도록 해야 한다고 주장한다.

한 아동의 국제입양 완료는 입양이라는 가족법적 절차와 국제이주라는 이민법과 국적법의 절차가 차례로 이루어져야 가능하다. 한국 사회는 아동이 홀로 수만 킬로미터를 이동해서 양부모를 찾아가고, 양부모 나라의 법원에서 입양절차를 진행하는 이야기에 너무나 익숙하다.

한국에서 활동하는 한 미국 변호사에 따르면, 미국 국무부는 입양인 국적 취득 문제와 관련한 대책 중 하나로 이민국에 핫라인을 개설해 홍보하고 있다. 입양인들 다수는 자신의 시민권 취득 여부를 확인할 수 있는 미 이민국 핫라인에 전화를 거는 것 자체를 두려워한다. 그들은 자신의 불안정한 지위를 노출하는 것 자체가 두렵고 위험하다고 느낀다.

2016년 트럼프 정부가 들어서면서 미국에서 이민자들의 지위는 갈수록 취약해지고 있다. 당연히 가지고 있어야 마땅한 시민권의 부재를 확인하는 것 자체가 입양인들에게는 위협이다. 지금이라도 시민권을 취득할 수 있지 않겠느냐고 말할 수 있다. 시민권을 획득하려면 상당한 시간이 걸리는 법적 절차를 거쳐야 하고, 비용도 수천 달러가 든다. 시민권을 갖지 못한 결과는 입양부모가 시민권 취득 절차를 밟지 않았기에 발생한다. 시민권 미취득자 중에는 파양되어 다른 가정으로 옮겨졌거나 양부모에게 학대를 당해 어려움을 겪은 경우가 많다. 그 결과, 입양인은 성인이 된 이후에도 취약계층일 가능성이 크다.

아동의 국적 취득 문제가 국제사회에서 본격적으로 논의된 것은 1960년대부터다. 한 사람의 국적을 결정하는 원칙은 보통 속인주의와 속지주의로 설명한다. 속인주의

는 자기가 태어난 혈통, 부모의 국적을 따르고, 속지주의
는 자기가 태어난 나라, 그 땅의 주권국이 어디냐에 따라
결정된다. 입양은 양부모와 아동 간의 사법적 관계이지
만, 국적은 아동과 그 나라와의 공법적 관계이다. 양부모
와 아동 간의 가족관계가 성립하면, 양부모의 국적 국가
가 그 아동에게도 국적을 부여해야 한다는 원칙은 원래부
터 존재했던 규범이 아니다. 해외입양이 전 세계로 퍼진
한국전쟁 이후, 국제사회가 아동보호의 필요성을 절감하
고 수많은 협의를 통해 도달한 결론의 하나이다.

이 원칙을 규정하는 구체적인 협약들은 다음과 같다.
헤이그협약은 한 나라에서 허가된 입양은 모든 체약국
에서 자동으로 인정받도록 하는 원칙을 도입했다. 입양
의 허가는 각국 국내법과 법원의 주요 권한임을 고려해볼
때, 아동의 안전을 도모하기 위해 최소한의 안전망으로서
입양으로 성립한 가족관계를 인정하고, 그 효력으로 국적
취득을 보장하는 데 목적이 있다. 1967년 유럽아동입양협
약에서는 아동이 계속 생활해야 하는 입양국의 국적 취득
을 신속하고 쉽게 해야 한다는 의무를 당사국 정부에 부
과한다. 아동이 국제입양되었다고 해서, 출신국의 국적을
반드시 박탈해야 한다고는 규정하지 않는다. 다만 입양국
의 국적 취득이 우선임을 규정하고 있다.

국제입양아동에게 입양국의 국적을 부여하는 것은 만약 그 입양에 문제가 생기더라도, 아동이 거주하는 국가의 국적 취득을 통해 그 나라의 보호를 받을 수 있도록 하는 최소한의 안전망을 제공한다. 1989년 유엔아동권리협약에서도 국제입양아동이 국내입양아동과 동등한 보호 수준과 절차적 안전망의 보호를 받을 수 있도록 하는 것을 당사국의 의무(제21조의 c)로 규정했다. 그러나 한국과 미국의 입양법은 아동의 국적 박탈에만 관심이 있었다. 양국 모두 아동의 국적 취득 권리를 보호하는 방안은 등한시했다.

3. 추방, 한국 정부가 막을 수 있다

입양아는 그저 숫자가 아니다

2012년 생후 18일 된 한국 아동이 미국 공항에서 입국을 저지당하는 일이 있었다. 미국인 부부가 이 아동을 입양 목적 비자(IR-3, IR-4)가 아니라 친지 방문을 위한 비자면제프로그램vwp으로 입국시키려는 시도를 미 국토안보부에서 제지한 것이다. 국토안보부는 아이가 갓난아이인 점을 참작해 일단 입국을 허용했으나, 양부모를 자처하는 미국인 부부와는 격리했다.

사건의 대략은 이러하다. 미국인 부부가 한국의 한 보

호시설에서 미혼모가 낳은 아이를 생모에게 '친권 포기 각서'를 받고 아기를 인계받은 뒤, 아기를 데리고 미국에 입국하려다가 발각된 사건이다. 입양을 주선한 한국의 미혼모 관련 시설장과 미국인 부부가 의뢰한 한국의 변호사는 이런 과정에 '법적인 문제가 없다'고 자문했다. 실제 한국에서 아이를 데리고 인천공항을 빠져나가는 과정에서 아무런 문제가 없었지만 미국 공항에서 문제가 생겼다. 입국 과정에서 제동이 걸린 미국인 양부모는 아동의 신병을 되돌려 달라는 소송을 미 국토안보부 장관을 상대로 제기했고, 미국 정부는 한미 양국 간에 벌어진 불법행위로 '보호자 없는 난민 아동' 신세가 된 아동보호조치로 한국 정부에 이 사실을 통보했다.

미국 정부를 통해 이 사실을 통보받은 한국 정부는 이 사건을 '불법 입양'으로 규정하고, 미국 내 소송에 개입하여 아동을 국내 송환했고 아동은 국내입양되었다. 국제입양과 관련된 스캔들이 종종 발생하는 미국에서도 이례적인 이 사건은 현지 언론의 관심을 받았고, 국무부와 국토안보부 소속의 연방검사들이 관련 소송을 담당했다. 이 사건을 접한 미 국무부의 관료가 한국 정부 관료에게 말했다. "미국인들이 더는 한국을 아동을 사 오는 슈퍼마켓으로 여기지 않았으면 좋겠다."

제인 정 트렌카는 "한국의 입양 정책은 오로지 숫자만 있었다"라고 지적한다. 한국 정부는 필요에 따라 입양 아동의 수를 늘리고 줄이는 것에만 관심이 있었다. 숫자로 기록되는 입양과정에서 자신의 의지와는 전혀 무관하게 친생 가족과 떨어져 낯선 땅으로 가는 아동을 고려하지 않았다는 비판이다.

추방입양인들, 나아가 추방의 배경인 입양인 시민권 문제가 발생한 이유도 입양을 숫자로만 생각한 한국 정부의 태도에서 비롯된다. 입양아동의 성장과 삶은 한국 정부의 고려 대상이 아니었다. 한국 정부는 다른 나라로 보낸 아동이 그 사회의 성원으로 살아감에 있어 최소한의 안전망인 국적 취득 여부를 확인하고 책임져야 한다는 생각조차 못 한 것이다.

입양인의 생존권과 인권 고려가 없기는 미국 정부도 마찬가지다. 다른 나라 아동을 자국의 국민으로 키우겠다고 데려갔으면 책임을 져야 한다. 입양 결성은 미국 양부모가 한 것이지만, 미국 국무부 등 연방정부가 비자를 발급하기 때문에 미국 정부도 공동의 책임이 있다. 미국 정부는 2000년 아동시민권법 제정 전까지 입양아동의 시민권 획득 책임을 전적으로 양부모에게 떠넘겼다. 국제입양인 중 3만 5천여 명이 미국 시민권을 획득하지 못한 것으

러셀 그린 추방 반대 탄원서.

로 추정한다. 시민권이 없는 입양인들은 미국 내 선거에 참여하여 투표하거나 배심원으로 재판에 참여할 경우 사기죄 혐의가 적용된다. 또 미국 연방정부에서 보장하는 교육 혜택이나 각종 사회복지 서비스를 받을 수 없다. 주택담보 대출 등 금융 서비스에서도 제외된다.

시민권 미취득자 중 일부는 급기야 출신국으로 추방을 당한다. 추방입양인들은 "추방은 사형 선고나 마찬가지"라고 말한다. 미국 법원의 판결은 외국인을 본국으로 추방한다는 것이지만, 자신의 의사와 관계없이 미국으로 이주해 평생을 살아온 입양인들 처지에선 '외국'으로의 추방이다.

입양인시민권법 제정에 주목하라

입양인 추방은 피할 수 없는 일이 아니다. 지난 2012년 11월 13일 뉴욕 이민 재판부는 러셀 데이비드 그린(한국 이름 임상금) 씨를 추방하지 않기로 했다. 뉴욕을 중심으로 미국의 국제입양인들이 1년 가까이 추방 반대 운동을 벌인 결과다.[18]

미군 병사와 한국 여성 사이에서 태어난 그린 씨는 1980년 12세에 '웰컴 하우스 인터내셔널'을 통해 매사추세츠의 한 부부에게 입양되었다. 그는 불과 몇 달 만에 양부모에게 버림받고 입양기관으로 보내졌다. 그는 자신을 입양하겠다고 약속한 다른 양부모를 따라 뉴욕으로 이주했다. 양부모는 러셀을 학대하고, 마약에 노출시키고, 러셀의 시민권 획득 역시 지원하지 않았다. 국제입양은 러셀에게 안정적인 가정을 제공하기는커녕, 마약 중독과 불안정한 체류 신분을 만들었다.

추방 재판을 받을 당시 러셀은 그를 지원하는 양부모(법적 입양부모가 아닌 후견인)가 있었고, 결혼해 3명의 자녀

---

18 당시 입양인들은 유튜브(https://www.youtube.com/watch?v=IWOOfxXzLIQ)를 통해 러셀 그린 씨의 사연을 알리고 추방 반대 운동을 벌였다.

(아들 둘, 딸 하나)가 있었다. 딸은 러셀이 추방 재판을 받을 당시 미군에서 근무하고 있었다. 러셀의 사연이 알려지자 입양인들을 중심으로 추방 반대 운동이 시작되었다. 2011년 8월부터 1년이 넘도록 제니퍼 권 돕스Jennifer Kwon Dobbs 올라프대학 교수를 중심으로 한 입양인들은 러셀의 추방 반대 캠페인을 벌였다. 국제입양인연대는 23개 국제기구와 30여 명의 입양 공동체 리더들과 지지하는 학자들이 서명한 편지를 존 케리John Kerry 민주당 상원의원과 버락 오바마Barak Obama 대통령 등에게 보냈다. 뉴욕에 있는 한국 영사관도 러셀의 추방을 막는 것을 도왔다. 권 돕스 교수는 "뉴욕 총영사가 러셀 재판 과정에 인도적 차원에서 미국에 남을 수 있게 해달라는 탄원서를 써줬다"라고 말했다.

입양인들의 노력과 한국 영사관의 지원으로 결국 러셀은 이민국 재판에서 이겼다. 하지만 돕스 교수는《국제입양인연대 소식지》에 쓴 글에서 "러셀의 합법적인 승리가 입양인들과 공동체에 고무적이기는 하지만, 그의 추방 연기가 법적인 선례가 되기는 어렵다"라고 지적했다. 러셀의 판례가 모든 입양인에게 적용하기 어렵다는 지적이다. 뉴욕 이민국 판사는 러셀이 혼혈이라는 점과 건강이 좋지 않다는 점 등을 고려해 '고문 방지 협약Convention against Torture'을 적용해 러셀의 추방을 연기했기 때문이다. 아담 크랩서 씨를 추방하는 결정이 2016년 10월 이민국 재판을 통해 내려질 때, 판사는 그가 입양인이고 양부모의 학대와 방임으로 인해 시민권을 획득할 수 없었다는 점을 크게 고려하지 않았다.

그럼에도 러셀의 사례는 추방입양인 발생 자체를 막는 데 있어, 한국 정부가 개입할 여지가 충분히 있다는 사실을 보여준다. 현시점에서 한국 정부가 적극적으로 개입해서 추방 자체를 막는 게 최선의 대응책일 수 있다. 한국 정부는 추방 위기에 처한 한국 출신 입양인들을 사전에 인지해 이민국 재판 과정에 개입할 수 있다. 또 추방 결정이 내려져 한국 영사관에 여권이나 여행증명서 발급 요청이 왔을 때, 이를 거부하는 방법도 있다. 2017년 7월 3일 미국 시민권을 취득하지 못한 입양인 주디 김Judy Kim 씨(50세)는 문재인 대통령에게 공개편지를 보냈다.[19]

저와 같은 국제입양인들은 미국 시민권을 취득할 수 없어, 교육지원이나 주택 모기지, 은퇴연금 등의 혜택을 받을 수 없습니다. 현재 한국 국제입양의 역사가 30여 년이 넘게 흐르면서, 입양인들은 나이를 먹어가고 시민권 없이 은퇴

19 〈무국적 입양인들의 비극, 이젠 한국 정부가 개입해야〉, 오마이뉴스, 2017. 7. 5.

후 생활에 있어 점점 경제적 곤경에 처하고 있습니다. 시민권 취득 과정은 매우 곤란하고 비용이 많이 듭니다. 이런 심각한 문제들로 절망해서 스스로 목숨을 끊은 입양인들도 있습니다. 시민권 없이, 저희는 민주적인 의사 결정에 참여할 권리도 없습니다. 저희가 미국으로 보내진 이유가 더 나은 삶을 위한 것이라면, 저희에겐 그 삶을 누릴 권리가 박탈된 것입니다.

추방과 시민권 미취득자 문제는 서로 연결되어 있지만, 해결책은 분리해서 고민해야 한다. 추방은 가시적이고, 긴급한 인권 사안이라는 점에서 한국과 미국 정부 간의 합의점을 찾는 게 크게 어려워 보이지는 않는다. 하지만 입양인 시민권 문제는 한국 정부의 적극적인 노력이 필요하다.

현재 미국에서는 나이에 상관없이 입양인 시민권을 인정해주는 '입양인시민권법Adoptee Citizenship Act' 제정 운동이 진행 중이다. 주디 김 씨는 문 대통령에게 보낸 공개편지에서 "입양인 권익 캠페인Adoptee Rights Campaign과 미주한인교육봉사단체협의회National Korean American Service & Education Consortium는 뜻을 같이하는 여러 단체 및 개인들과 함께 미국 연방 의회가 입양인 시민권법안을 당장 통과시켜 모든 국제입양인이 시민권을 취득할 수 있게 하려고 노력 중"이라고 밝혔다. 입양인시민권법은 지난 2009년부터 세 차례나 미국 하원에서 발의됐지만, 2년 회기 안에 통과되지 못하고 자동 폐기됐다. 지난 2019년 세 번째로 발의될 때는 입양인권 익운동-Adoptee Rights Campaign, 미주한인유권자연대Korean American Grassroots Conference 등 25개 단체가 '입양인 평등권 연대'를 구성해 법안 통과를 위해 노력했지만 신종 코로나바이러스 감염증 사태로 의회 활동이 상당 부분 제약을 받으면서 통과되지 못했다. 2021년 3월 네 번째로 입양인시민권법이 미국 하원에 재발의됐지만 2년이라는 짧은 회기 안에 통과될 수 있을지는 미지수다. 한국 정부는 입양인시민권법과 관련해 특별한 노력을 기울이지 않았다. 2017년 3월 보건복지부 입양 정책 담당자가 입양인시민권법 재발의를 요청하러 미국 의회를 찾은 게 정부가 한 노력의 전부다. 제인 정 트렌카는 우려의 목소리와 함께 다음의 지점을 강조했다.

미국의 어느 정부 기관에서도 해당 입양인들의 귀화를 보장하기 위해 노력한 바가 없으며, 미국의 국제입양 시스템은 전적으로 민영화되었으며, 영리 추구를 목적으로 하고 있다. 민간 입양기관이나 미국 및 대한민국 양국 정부에이 문제를 해결하는 것에 따른 어떠한 이점이나 불이익도 없으므로, 이대로 이 사안은 계속하여 방치될 가능성이 크다. 입양인시민권법이 미 의회를 통과하기 위해서는 입양기관과 그들의 사업을 재정적으로 지원하는 사람들, 즉 입양부모들을 움직여야 한다. 이들을 움직이기 위해 한국 정부가 미국 입양의 일시중단을 선언하고, 입양을 재개하는 조건으로 입양인시민권법 제정을 요구해야 한다.

인도를 비롯해 남미와 아프리카의 일부 국가는 국제입양을 통해 자국의 아동이 개별적 혹은 집단적으로 명백하게 위험에 처하는 사태가 벌어진 경우, 우선 국제입양을 일시 중단하는 조치를 취하는 경우가 종종 있었다. 이는 정부가 아동보호를 위한 능력이 충분하지 않다고 판단한 경우 취하는 일종의 응급처방이며, 헤이그협약에서도 취약국가를 상대로 인정하는 정책수단이다. 하지만 한국 정부는 이런 노력조차도 시도해본 적이 없다. 입양인들은 한국 정부가 입양인시민권법의 정치적 협상을 위해 모라토리엄을 검토해볼 수 있다고 주장한다.

다행히 2018년 캘리포니아, 하와이, 2019년 일리노이, 켄터키, 조지아, 네바다 등 총 6개 주에서 미국으로 입양와서 시민권을 취득하지 못한 3만 6천여 명(추정)의 입양인들에게 시민권을 부여할 것을 촉구하는 결의안을 채택했다.[20] 일부 주에서 채택한 결의안이 연방 의원들에게 영향을 미치리라고 기대할 수 있게 되었다. 또 2020년 선거에서 4명의 한국계 미국인 연방 하원의원이 당선된 것도 법안 통과 기대를 높이고 있다. 미국에 거주하는 입양인들은 물론 한인 사회 내부에서도 2021년 입양인시민권법이 연방 의회에서 통과되기를 기다리고 있다.

---

20 〈美국적없이 떠돈 한인 입양인에 시민권' 네바다주 결의안 통과〉, 연합뉴스, 2019. 5. 9.

4부

**입양인의
아픔이
길이 되려면**

1. 왜 한국은 헤이그협약에 가입하지 못하는가?

폭력으로 사망하고, 국제미아로 전락한 입양아들

2007년 9월, 13개월 된 혜민이가 미국 양어머니에게 살해당했다. 생후 7개월 때 미국 인디애나폴리스 기독교 입양단체를 통해 카이리 부부에게 입양된 지 6개월 만이었다. 카이리 부부는 두 명의 친아들을 두고 있었다. 양어머니 레베카 카이리는 사고 당일 911에 전화를 걸어 신고했다. 병원으로 옮겨진 혜민이는 이튿날 숨졌다. 부검 결과 '흔들린 아이 증후군'과 연관된 뇌 손상이며, 타살로 밝혀졌다. 경찰은 친아들로부터 "엄마가 아이에게 어떤 일을 했는지 아무에게도 말하지 말라고 했다"라는 진술을 받아냈다.

카이리 부부는 이후 경찰 조사 결과에 반발하며 무죄를 강력하게 주장했다. 양부는 지역 언론과 인터뷰에서 "입양할 당시부터 아이에게 구토와 발작증세가 있었고, 뇌 치수도 다른 아이에 비해 작아 성장 발달장애를 의심했다"라고 주장했다. 양어머니 레베카는 살인죄 판결을 받았지만 양형협상(플리바게닝)을 통해 중범죄 혐의를 벗어나 3년 수감생활 후 석방되었다.

2008년 3월 미국 아이오와주에서 한인 입양아동 네 명이 둔기로 잔인하게 살해당한 채 발견되었다. 양아버지 스티븐 수펠은 부인과 한국에서 입양한 아들 두 명, 딸 두 명을 둔기로 수차례 머리 부위를 때려죽였다. 수펠은 인근 고속도로에서 교통사고로 불이 난 차에 숨진 채 발견되었다. 양아버지에게 살해된 아이들은 당시 10세 이튼, 7세 세스, 5세 미라와 막내인 3세 엘레노어로 모두 한국에서 입양되었다. 부인은 안방, 아이 두 명은 2층 방, 한 명은 지하 침실, 한 명은 지하 놀이방에서 각각 발견되었으며, 경찰 수사 과정에서 범행 도구로 보이는 야구방망이 두 개가 발견되었다.

현수는 2010년 미혼 가정에서 미숙아로 태어나 위탁

가정에서 지내다 만 3세가 지난 2013년 10월 미국으로 입양되었다. 입양된 지 3개월 만인 지난 2014년 2월 3일 숨진 채 발견되었다. 현수는 미국 국가안보국NSA 직원인 양아버지 브라이언 오캘러핸에게 맞아 죽은 것으로 밝혀졌다. 브라이언은 이라크전 참전 이후 정신병에 시달렸으나 현수를 입양하는 과정에서 부인과 협의해 정신병력을 숨겼다. 양아버지는 형사법 관련 최고 수준의 변호사를 기용했고, 재판 당시 60명이 그의 선처를 바라는 탄원서를 제출하기도 했다. 검찰은 그에게 1급 살인 및 1급 아동학대치사죄를 구형했지만, 플리바게닝을 통해 1급 살인 혐의는 벗고 1급 아동 학대 치사죄 중 최저형을 선고받았다. 특히 과거 수감 기간을 형량에 더하도록 판결이 나왔는데, 브라이언은 과거 2년간 갇힌 기록이 있어 결과적으로 10년형을 선고받은 셈이다. 그는 정신질환을 앓고 있어서 가석방까지 가능했다. 가석방은 형기의 3분의 1을 채운 뒤 혜택을 받을 수 있는데, 4년 뒤 석방이 가능하다는 판결이었다.

2007년 12월, 한국 출신 여아가 네덜란드 외교관 가정에 입양되었다가 홍콩에서 파양돼 국제 미아로 전락할 처지에 놓였다는 소식에 전 세계 언론이 떠들썩했다. 대구에서 태어난 제이드는 2000년 생후 4개월 만에 당시 한국에서 외교관으로 근무 중이던 네덜란드 양부모에게 입양되었다. 외교관은 지난 2004년 7월 홍콩으로 근무지를 옮긴 직후 불임이었던 아내가 자녀 두 명을 출산하자 2006년 상반기에 제이드를 홍콩 사회복지국에 인계했다. 이 가정의 가정부는 제이드가 가족과 사실상 분리돼 가정부 손에서 양육되었으며, 부부의 친자녀들이 노골적으로 제이드를 무시하고 괴롭혔다고 증언했다.

양부모는 제이드의 네덜란드 국적을 취득하지 않았고, 제이드는 한국 국적을 유지한 채로 홍콩 체류 자격도 없이 2년 가까이 복지기관을 전전했다. 네덜란드는 외교관 부부를 본국으로 송환해 경위 조사를 벌였다. 제이드는 2008년 홍콩에서 재입양되었지만, 국제입양 가정에서의 학대, 파양, 위탁 가정과 복지시설을 오가며 극도로 불안정한 생활을 한 탓에 극복하기 힘든 트라우마가 생겼다.

위의 사례는 국제입양 과정에서 아동이 어떤 극단적인 위험에 처할 수 있는지 보여준다. 친생부모와 인연이 끊어지는 완전 입양이며, 동시에 국경을 넘나드는 이주의 형태인 국제입양은 아동에게 매우 위험한 과정이다. 국제입양 수요 때문에 일부 국가에서는 아동 밀매, 납치 등 범죄가 발생하기도 한다.

아동 인권에 대한 국제사회의 인식이 커지면서 별다

른 규제 없이 확장되던 국제입양시장에 국제적 규율의 필요성이 제기되었다. 유럽 국가들을 중심으로 오랜 논의 끝에 국제입양아동의 안전과 권리 보호를 위해 헤이그협약을 채택했다. 헤이그협약은 총 48조로 이루어져 있고, 주요 내용은 다음과 같다.

- (원칙) 원가정 보호가 원칙이며 원가정 보호가 불가능할 경우 국내에서 보호할 수 있는 가정을 찾고 그래도 없으면 국제입양을 선택할 수 있다.
- (입양의 효력) 입양국의 입양 결정을 다른 체약국에서도 인정한다.
- (입양의 절차) 입양절차 전반을 국가 책임으로 규정한다.
  ―(입양 신청) 양친이 될 자가 본인 거소지의 중앙당국에 신청한다.
  ―(양부모 조사) 수령국 중앙당국이 입양신청자의 적격 여부 및 입양 적합성에 대한 보고서 작성, 아동 출신국에 보낸다.
  ―(입양 결정) 출신국 중앙당국은 아동의 신원 및 입양 적합성에 대한 보고서 작성, 입양 동의 확보 및 입양 여부를 결정하여 통보한다.
  ―(이동) 양부모가 아동과 함께 이동, 국가기관은 출입

국과 이주 허가를 책임진다.

국제입양 담당기관

- (중앙당국) 체약국은 협약이 부과한 의무를 이행하기 위해 하나의 중앙국가기관을 중앙당국으로 지정한다.
- (공적 기관 또는 인가단체) 일정 범위 내에서 중앙당국의 업무를 공적 기관이나 인가단체(비영리기관)에 위임 가능하다.

헤이그협약의 최대 난제, 한국과 미국

헤이그협약 논의의 시작점을 제공한 나라는 한국이다. 헤이그국제사법회의는 1988년 총회에서 국제입양되는 아동들을 위한 새로운 협약을 준비할 것을 결의했다. 1980년대 중반은 한국이 매해 7천~8천여 명의 아동을 해외로 입양 보내던 시기였다. 《뉴욕타임스》를 포함한 외신은 출생 아동의 1퍼센트가 해외로 입양되는 한국의 상황을 보도하며 '아동수출 국가'라고 비판했다.

한국은 1991년 5월부터 주요 송출국 자격으로 당시 헤이그국제사법회의의 회원국도 아니면서 헤이그협약 문안

Kenya		12-II-2007	A	1-VI-2007	2	
Korea, Republic of	24-V-2013					
Kyrgyzstan		25-VII-2016	A	1-XI-2016	2	
Latvia	29-V-2002	9-VIII-2002	R	1-XII-2002	3	D
Lesotho		24-VIII-2012	A**	1-XII-2012	1	
Liechtenstein		26-I-2009	A	1-V-2009	2	D
Lithuania		29-IV-1998	A	1-VIII-1998	1	
Luxembourg	6-VI-1995	5-VII-2002	R	1-XI-2002	3	D
Madagascar	12-V-2004	12-V-2004	R	1-IX-2004	2	
Mali		2-V-2006	A	1-IX-2006	1	

다른 국가들과 달리 한국은 서명 일자를 기재하는 난 이외의 모든 부분이 비어 있다.

협의 과정에 참여했고, 1993년 협약문 합의 시 서명 대상 국가였다. 현재 헤이그협약에 가입한 국가는 100개국에 육박한다. 국제입양의 주요 송출국과 수령국이 거의 모두 가입해 있다.[1] 역사상 최대 송출국인 한국은 아직도 가입하지 못하고 사전 절차인 서명Signiture(협약 가입 의지 표명으로 법적 효력은 없음)만 마쳤다. 서명만 한 국가는 네팔, 러시아, 한국인데 2007년에 네팔이, 2000년에 러시아가, 2013년에 한국이 가장 늦게 서명했다.

헤이그협약의 또 하나의 '구멍'이 바로 최대 아동 수

---

[1] 관련 정황은 다음의 웹사이트에서 확인할 수 있다. https://www.hcch.net/en/in-struments/conventions

령국인 미국이다. 미국은 1994년 이 협약에 서명했으나 2007년에 비준했다. 2000년 제정된 국제입양법은 2008년에 발효했다. 이 법은 헤이그협약 적용을 명시했지만, 헤이그협약을 비준하지 않은 나라에서 오는 아동의 경우 헤이그협약이 적용되지 않는다고 규정했다. 미국에서 국제입양은 복음주의 선교의 주요한 수단이자 교회와 연결된 입양기관과 입양부모들은 일종의 정치세력으로 존재하고 있다. 국가 간 입양법에 이런 조항이 들어간 것도 이들의 정치적 압력이 작용한 결과다.

실제로 미국은 입양 대상 아동이 들어오는 국가를 헤이그협약에 가입하지 않은 남미와 아프리카 국가로 옮겨다니면서 각종 불법 입양 스캔들을 일으키고 있다. 과테말라가 2008년 헤이그협약에 가입하자 미국은 라이베리아, 르완다 등 아프리카 국가로 파이프라인을 옮겼다. 미국의 탐사 보도 전문기자인 캐서린 조이스는 2000년대 중반 라이베리아 입양 열풍을 고발했다.

2003~2008년까지 미 국무부는 1천200여 명의 라이베리아 입양아가 미국으로 입국했다고 밝혔다. 입양수수료는 3천~6천 달러였다. 라이베이라에서 이런 입양수수료는 뜻밖의 횡재를 할 기회로 보였다. 보육원의 수는 전쟁(라

이베리아 내전) 전 약 10개였는데, 전후에 114~120개로 늘어났고, 총인구 300만 명의 라이베리아는 세계 8위의 입양 송출 국가가 되었다. 다른 나라 같으면 입양절차를 처리하는 데 약 1년이 걸리지만, 라이베이라에서는 몇 주 또는 며칠이면 가능했다. 뇌물도 판을 쳤다. 라이베리아 정부 관료를 만날 때 지폐 수백 달러 뭉치를 찔러주면 입양 문제가 해결되었다.[2]

친생가정에서 이탈된 아동에게 부유한 선진국에서 새 가정을 찾아 안정적으로 양육될 수 있도록 한다는 국제입양의 명분과 달리 입양 이후에도 열악한 환경에서 생활하는 아동들이 많았다. 한국도 미국이 국가 간 입양법에서 예외로 둔 '헤이그협약에 가입하지 않은 나라' 중 하나다.

한국이 헤이그협약에 가입하지 못하는 이유

한국은 2019년 현재 98개국이 가입한 헤이그협약에

---

2   Kathryn Joyce, *Child Catchers: Rescue, Trafficking, and Gospel of Adoption*, PublicAffairs, 2013.

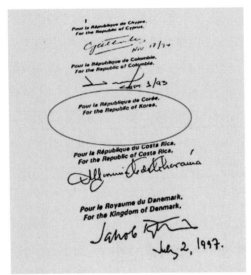

헤이그협약 서명란.
한국의 서명만
작성되지 않았다.

아직도 가입하지 못했다. 가입 전 절차인 서명도 2013년에 겨우 할 수 있었다. 박근혜 정부는 서명식 후 '2년 내 가입'을 약속하고, 문재인 정부도 '2017년 내 가입'을 목표로 내세웠지만, 아직 목표를 달성하지 못했다. 문재인 정부는 국회에 헤이그협약의 비준동의안('국제입양에서 아동의 보호 및 협력에 관한 협약 비준동의안')을 제출했다. 비준동의안이 통과된다고 헤이그협약에 곧바로 가입할 수 있는 것은 아니다.

18대 국회 및 19대 국회에서도 '헤이그협약 비준동의

4부. 입양인의 아픔이 길이 되려면

안 제출 촉구 결의안'이 발의되어 본회의에서 가결된 바 있다. 그렇다면 왜 한국의 헤이그협약 가입이 이토록 어려운 걸까?

헤이그협약 가입은 현재 민간 입양기관에 사실상 위탁해온 국제입양 업무를 중앙당국이 책임지는 형태로 법과 제도를 바꾸는 것을 전제로 하기 때문이다. 헤이그협약은 아동이 우선 출생 가정 또는 조부모나 친척 등 확대가족에서 양육되어야 하며, 그것이 불가능할 경우 국내에서 보호할 수 있는 가정을 찾고, 그래도 없으면 국제입양을 하도록 하는 것을 원칙으로 한다. 헤이그협약 전문에서 밝히고 있는 이 '보충성의 원칙'은 국제입양이 가장 마지막 선택지가 돼야 한다는 것이다.

한국에서 국제입양은 가장 마지막이 아니라 가장 첫 번째 선택지였다. 한국은 2012년 입양특례법 개정을 통해 2013년 가정법원의 입양 재판이 도입되기 전까지 입양절차에 정부가 전혀 개입하지 않았다. 입양 신청을 받고, 그 아동에게 입양이 최선인지 판단하고, 그 아동을 입양할 가정을 조사 선정하고, 아동이 이주하는 과정에서 2013년 전까지 한국 정부는 모든 것이 다 결정된 후 해당 아동에게 국제이주 허가를 내주는 일에만 관여했다. 나머지는 민간기관인 입양기관들에 전적으로 맡겼다. 국제입양은 그 자체가 별도의 사업이었고, 입양기관들은 원가정을 보호하고 국제입양을 최소화하도록 움직이지 않았다.

입양기관들은 미혼모 쉼터를 운영하고 출산을 앞둔 미혼모들에게 상담을 통해 입양이 아동을 위한 최고의 선택이라는 생각을 지속적으로 주입했다. 미혼모 쉼터에서 출산한 여성 중 절대다수가 입양을 선택했다. 한해 수천 명씩 국제입양을 보내던 1970~1980년대 입양기관들은 산부인과 병원, 보육원 등에 돈을 주면서 입양아동을 확보했다. 입양기관의 입장에서 입양부모들은 입양과정에 드는 비용을 지급하는 일종의 고객이므로, 입양부모에게 편리한 방식으로 입양절차를 진행했다. 입양기관들은 입양부모가 원하는 성별, 나이의 아동을 제공하고, 한국에 굳이 오지 않아도 아이를 입양할 수 있도록 했다.

한국에서 양부모의 국가로 갈 때, 대다수 아동은 입양이 완료된 상태도 아니었다. 정부는 입양하겠다는 약속만 받고 아동의 신병을 넘겨주었다. 입양부모가 이 약속을 지키지 않을 경우, 입양아들은 제이드처럼 언제나 '국제 미아'가 될 수 있다. 이주 당시 입양이 확정된 상태가 아니므로, 양부모가 시민권 취득 과정을 따로 밟지 않으면 국적 취득을 하지 못한다.

한국이 헤이그협약 가입을 위해서는 전적으로 민간기

관에 맡겨놓았던 입양절차 전반을 국가(중앙당국이나 지자체)가 책임지는 절차로 바꿔야 한다. 입양 대상 아동의 발생을 최소화하고, 이후 진행되는 입양을 공공부문이 수행하도록 관련 시스템을 모두 바꿔야 한다. 입양 관련 민법과 입양특례법 등 관련 법제를 총체적으로 정비해야 헤이그협약 가입을 선언할 수 있다.

헤이그협약은 국제입양 결정과 그 절차를 중앙당국이 책임지게 한다. 협약 제4조에 따르면, 송출국의 중앙당국이 아동에 대한 입양 적격의 결정과 입양이 아동의 최선의 이익에 부합한다고 결정해야 한다. 제5조에서는 수령국 권한 당국이 양친이 될 자의 자격에 대한 심사, 아동이 입양국 입국과 영주 가능성을 확인할 것을 확인할 것을 규정한다. 또 아동입양의 신청을 받고(제14조), 입양부모에 대한 보고서를 작성하고 이 보고서를 아동 출신국 정부에 송부하고(제15조), 아동에 대한 보고서를 작성하고(제16조), 입양요건이 적법하게 충족되었는지 여부 확인하고, 입양절차의 진행을 결정하고(제17조), 아동이 수령국에 입국 및 영주를 위한 조치를 하고(제18조), 아동의 수령국 이동 시 안전확보 및 입양부모 동반 확인하고(제19조), 입양 이후 양육상황을 확인할 것(제20조) 등 아동 입양절차 전반에 실질적인 규제가 가능한 협약이다.[3] 또 협약 가입 시 어떠한 유보도 허용되지 않는다(제40조).

가입국은 상세한 절차로 규정된 협약상 의무를 온전하게 이행해야 한다. 한국은 유엔아동권리협약에 1991년 가입하면서 입양과 관련된 21조 a항(입양이 권위 있는 관계 당국에 의해서만 이루어져야 한다는 내용)은 유보[4]했다. 이런 '꼼수'가 헤이그협약에서는 통하지 않는다는 얘기다.

게다가 특정국가의 가입에 다른 나라에서 이의를 제기할 수도 있다. 실제로 아동입양과 관련된 납치, 밀매 사건이 다수 발생했던 캄보디아와 과테말라를 두고 캐나다, 독일, 네덜란드, 스페인, 영국 등 일부 아동 수령국에서 이들 국가의 헤이그협약 가입을 반대했다. 헤이그협약 제44조 3항에서는 일정 가입국의 가입에 이의를 제기하는 경우에는 해당 체약국 간에는 이 협약의 효력이 발생하지 않는다고 규정하고 있다. 일부 당사국에서 이의를 제기해 국제 망신을 당한 국가는 캄보디아, 가나, 과테말라, 기니, 레소토, 르완다 6개국이다. 이 국가들마저 헤이그협약에 가입했는데, 한국은 아직도 가입이 요원하다.

---

3   이경은, 〈국제입양에 있어서 아동 권리의 국제법적 보호〉, 서울대학교 법학대학원 박사학위 논문, 2017.

4   유보란 협약에 가입할 때, 특정 조항을 이행하지 않겠다는 일방적인 선언이다. 국제법 학자들은 유보는 원칙적으로 허용돼서는 안 된다고 주장하지만, 유엔에서는 협약 가입을 권장하기 위해 유보를 허용하고 있다.

2. 아동 인권을 존중하는 국제입양에 대하여

아동이 단지 작은 어른이란 말인가

아동보호가 정부의 기능, 공적인 정책의 주제로 인지되기 시작한 것은 20세기 이후라고 할 수 있다. 아동학의 시조로 알려진 필립 아리에스Philippe Ariès는 《아동의 탄생》을 통해 근대에 이르기 이전까지 가정, 사회, 국가에서 아동을 어떻게 인지하고 취급했는지 기술했다. 그는 특히 서양의 회화에서 아동이 어떻게 변화해가는지를 살폈는데, 근대 이전의 아동은 어른의 근육과 신체를 가지고 단지 어른보다 훨씬 작은 존재로 묘사되었고, 근대에 들어서야 우리가 보는 그대로의 아동으로 묘사되었다고 지적했다. 이는 아동이 단지 작은 어른이 아니라, 아동의 특징을 지닌 존재로 인식하기 시작했음을 의미한다.

아동을 단지 작은 어른이라 인식한다면, 아동은 열등한 존재일 뿐이다. 성인과 비교할 때, 육체적 정신적으로 열등한 아동은 그렇게 취급하는 것이 당연하다는 것이 당시의 상식이었다. 가정에서 부모에게 보호받지 못한 아동을 착취하고 학대하는 일이 큰 문제로 인식되지 않았다. 아동을 쓸모없는 존재로 치부하는 관행은 20세기 초반까지도 이어졌다.

대공황을 겪은 1930년대 영국 런던의 빈민가에서 시작된 아동 납치, 실종 사건이 전국적으로 번졌다. 경찰이 수사에 나섰지만, 범인을 잡지 못한 채 역사 속으로 잊혀 갔다. 그로부터 70여 년이 지난 2009년 영국의 고든 브라운-Gorden Brown 총리는 대공황 시 있었던 연쇄 아동 납치 사건이 영국 정부가 저지른 일이라고 충격적인 사실을 밝혔다. 경제 대공황으로 노동자의 70퍼센트가 일자리를 잃고, 거리에 굶어 죽는 사람들이 넘쳐나고, 정부 예산의 대부분을 실업수당과 빈곤층 지원금 등으로 지출하면서 국가 재정마저 파탄 위기에 처하자, 궁지에 몰린 정부가 빈곤층 아동을 납치해 죄수들과 함께 호주로 강제 이송시켰다. 영국 정부는 빈민층이나 미혼모의 아동들을 주요 목표물로 삼아 납치했고, 아이들에게는 부모가 죽었다고 거짓말했다.

미국도 유사한 역사를 가지고 있다. 미국은 19세기 중반부터 20세기 초반까지 부모가 없거나 버려졌던 20만 명이 넘는 아이들을 이른바 '고아열차'를 태워 미국 동부 연안 도시에서 중서부로 강제 이주시켰다. 동부에서 출발한 기차가 역에서 멈춰 서면 기다리고 있던 주민들이 나와서 노동을 시키기에 적당한 아이들을 골라갔다. 가장 마지막 역에 도착하면 열차에는 가장 약한 여자아이들이나 어린아이들만 남아 있었다. 이런 끔찍한 고아 열차의 역사는 크리스티나 베이커 클라인Christina Baker Kline의 동명 소설《고아열차》를 통해 대중적으로 알려졌다. 이 책은 미국에서만 200만 명이 읽으며 큰 화제를 모았다.

인류의 역사와 의식이 진보하지 않았으면, 아동의 핍진한 현실은 그대로 남았을 것이다. 아동은 자신을 대표하거나 폭동을 일으키거나 자신의 착취자에 대항할 수 없기 때문이다. 그들은 학대를 받았고, 착취를 당했고, 피해를 보고, 그 피해의 결과로 처참한 모습을 보일 수밖에 없었다. 그 처참함이 성인들, 더구나 정책을 결정할 수 있는 권력을 가진 성인들에게 그들의 참상이 전해졌을 때 비로

소 변화가 일어났다.

《고아열차》로 인해 1851년 미국 매사추세츠주에서 세계 최초의 '아동입양법'이 만들어졌다. 매사추세츠주는 영국에서 미국 식민지로 오는 배가 제일 먼저 도착하는 곳이자 고아 열차의 출발지였다. 현대 입양법의 시초인 이 법은 현대적 의미의 아동보호를 목적으로 한 입양제도가 갖추어야 하는 절차를 제시하고 있다. 주목할 내용은 법원이 양부모 입양자격 심사를 도입한 점이다.

제1조 아동을 입양하고자 하는 사람은 자신이 거주하는 지역 법원에 신청하고 허가를 받아야 한다.

제2조 아동의 친생부모 양쪽 혹은 한쪽이 살아있는 경우 입양 신청을 위해서는 친부모의 서명 동의가 필요하다.

제4조 입양하고자 하는 양부모는 부부가 공동으로 신청해야 한다.

제5조 양부모가 아동을 양육하고 교육하기에 적합한지를 조사하고 판단한다.

제6조 입양이 성립하면, 아동의 친생부모와의 관계는 단절된다.

제7조 입양아동과 입양부모 사이의 관계는 자연적인 혈연관계와 동등하게 인정되고, 입양 판결 시에 친생부모의 권

4부. 입양인의 아픔이 길이 되려면

리는 종료된다.

아동보호를 위한 입양제도는 영미법계의 국친사상에 의한 친권 개입에서 시작했다. 입양이 먼저 있었던 것이 아니라, 친권 개입의 가장 심각한 단계인 친권의 박탈이 먼저 있고, 그로 인해 아동에게 새로운 가정을 만들어줄 필요가 발생한 것이다. 아동의 입양은 아동이 친부모에게 보호받을 수 없거나 친권의 남용 등으로 부적합한 경우, 친권의 종료를 전제로 이루어진다. 영미법계에서 아동의 입양은 완전입양 효력을 전제할 수밖에 없다. 친생부모와의 친권을 단절시키지 않는 단순한 양육의 주체만을 정하는 문제는 양육권의 사안으로 해결한다.

완전입양의 효력은 양부모의 가정에서 출생한 친생자와 같은 혈연관계, 신분을 부여하고, 동등한 법률적 권리의무 관계를 만들어준다. 보호가 필요한 아동에게 영구적인 대체 가정을 마련해주는 것이 목적이고, 그 녹석에 충실하게 제도를 마련해야 한다. 친생부모와의 모든 혈연관계가 단절되는 것은 새로운 가정에서 아동의 지위의 법적 안정성을 부여하기 위한 목적이 크다.

한국 입양법제의 적폐청산이 시급하다

1967년 유럽아동입양협약, 1989년 유엔아동권리협약, 1993년 헤이그협약 등 아동권리와 입양에 대한 주요 국제 규범의 제1원칙은 사적입양private adaption의 금지이다. 아동의 입양은 당사국의 권한당국에 의해서 결정해야 한다는 원칙이고, 이 '권한당국'은 사법적 절차를 담당하는 법원이라고 볼 수 있다. 이미 1960년대부터 아동의 사적입양의 금지는 국제규범이었다.

그렇다면 한국은 어떠한가? 가족법의 기본인 민법에서는 중국의 종법제에 근간을 둔 양자제도를 고수하면서, 사적입양의 원칙을 완고하게 지속해왔다. 또 한국은 1960년대 초에 고아입양특례법이라는 어떠한 나라의 법제에도 유사 사례가 없는 국제입양 법제를 만들었다. 국제입양은 친부모와 관계가 완전히 단절되는 완전입양이 일반적이다. 하지만 한국은 완전입양의 효력을 법제 내에서 허가하지 않자 기형적 방법으로 완전입양을 가능하게 했는데, 새로 출생신고를 하는 방법이다. 한국은 입양뿐 아니라 출생신고도 사적자치의 영역이다. 출생신고는 부모의 의무이고, 법무부 등 공적 기관의 책임은 불명확하다. 국제 기준은 태어나자마자 국가에 등록될 권리를 인간의 안전과 생존을 보호하기 위한 필수적 인권으로 규정하고 있으나, 한국은 이 기준을 충족시키기에 한참 거리가 먼 제도를 시행하고 있다. 이에 더해 1977년부터 대법원 판례를 통해서 입양 목적의 허위 출생신고를 사실상 허용하는 태도를 보였다.

이처럼 출생과 입양을 사적자치 영역에 두면서 친부모와 양부모의 합의만 있으면 아동의 모든 법적 관계와 신병을 인도할 수 있다. 실제로 입양특례법은 친부모와 입양기관 장 간의 합의를 입양동의로 보고, 이 입양동의로 아동의 신병과 양부모 결정 등의 모든 권한은 입양기관으로 넘어간다.

2005년 호주제 폐지로 민법의 친족법이 전면 개정되고 친양자 입양제도가 도입되면서 한국의 입양제도는 더욱 문제적으로 변모했다. 법원 허가에 의한 완전입양의 효력을 내는 친양자 입양제도를 보호가 필요한 아동이 아니라 이혼, 재혼으로 인한 가족 내 입양설자에 노입했기 때문이다. 어느 나라에서도 아동의 성^{姓}을 바꾸기 위해 친생부모와 단절해야 하는 완전입양 제도를 활용한 사례는 없다. 반면 정작 보호가 필요한 아동에 대해서는 입양특례법에 의거해 입양기관이 주도하는 사적 입양절차에 맡겨 놓은 법제를 2012년까지 유지해왔다. 이런 입양법제하에서 허위 출생신고에 의한 국내입양, 국제입양을 위한 고아호적(2005년 이후 가족관계등록) 발급 등의 탈법적 관행이 대법원, 보건복지부, 지방자치단체 등의 묵인을 통해 이루어졌다.

2013년 이후 아동의 입양절차는 가정법원이 허가하지만, 이에 앞서 입양이 해당 아동의 최우선적 이익에 부합하는지를 따지는 입양 적격 결정은 여전히 친부모 혹은 입양기관의 장 등 사적 주체에 맡겨져 있다.[5]

한국의 입양제도를 통해 확인할 수 있는 사실은 한국에서 아동의 법적 지위와 신병은 여전히 사적자치의 영역에 남겨져 있다는 것이다. 국가는 아동 인권이라는 개념 자체가 성립 불가능한 상황을 유지하면서 '입양' 제도를 한국전쟁 직후에는 순혈주의 이데올로기 유지의 수단으로, 1970~1980년대에는 폭증하는 인구 조절 수단으로, 또 빈곤 가정이나 미혼 가정을 해체하면서 급속한 도시화와 산업화 과정에서 발생하는 복지비용을 축소하는 수단으로 활용해왔다. 이런 과정을 통해 뿌리 내린 산업화된 국제입양 시스템은 아동의 최우선 이익에 부합하는 양육

---

5 이경은, 〈국제입양과 국적에 대한 국제규범과 미국의 한국출신 입양인 추방〉, 《인권연구》, 2018.

과 보호 정책을 만드는 과정에 큰 난제로 작용하고 있다. 이런 이유로 국제입양 법제와 관행은 아동과 여성 인권의 확산을 가로막는 적폐라고 할 수 있다.

성인이 되어 한국으로 귀환한 국제입양인 당사자들의 요구가 일정 부분 반영된 2011년 입양특례법 개정 이후 이 법을 둘러싼 논란은 이런 부작용을 상징적으로 보여준다. 법 개정을 통해 입양대상 아동은 출생신고를 하지 않던 관행을 지속하는 것이 불가능해지자 '입양특례법 개정으로 아동 유기가 증가한다'는 비판이 쏟아졌다. 하지만 실제 아동 유기 숫자가 유의미하게 증가했다는 주장은 사실로 입증하기 어렵고, 특정 종교집단에서 법적인 근거 없이 설치한 '베이비박스'에 유기된 아동이 증가했을 뿐이다.[6] 이런 논란은 아동이 자신의 부모를 알 권리와 한국가의 구성원으로서 등록된 권리를 한국 사회는 인지조차 못하고 있다는 사실을 보여준다.

한국은 아동의 국제입양 규범의 총결산이라고 할 수 있는 헤이그협약에 아직도 가입하지 못하고 있다. 헤이그협약은 국제입양이 아동매매를 야기하지 못하도록 사적

---

6 국회입법조사처는 2017년 12월 '입양특례법의 입법영향분석' 보고서를 통해 일부 언론을 통해 제기된 '입양특례법 개정으로 아동 유기가 늘었다'는 주장이 근거가 없다고 밝혔다.

입양 중개기관 및 관련자들이 그 절차에서 금전적 이익을 취하지 못하도록 규율하는 데 초점을 맞추면서 입양의 전 과정을 권한 당국(중앙정부나 지방정부)이 책임지도록 하고 있다. 이를 위해서는 2011년 전면 개정된 입양특례법의 재개정이 필요하다. 일부 입양기관과 입양부모들이 법 개정을 반대하고 있지만, 헤이그협약 가입은 더 이상 미룰 수 없는 과제다. 헤이그협약은 무엇보다 아동보호에 방점을 둔 국제규범이기 때문이다.

파편들

2017년 5월부터 그해 말까지 우리는 해외입양인 세 명의 죽음을 목격했다. 그해 5월, 미국으로 입양된 지 30여 년 만에 한국으로 추방돼 정신병원과 감옥 등을 전전하며 힘겨운 생활을 이어가던 한 입양인이 14층 아파트에서 뛰어내려 삶을 마감했다. 크리스마스를 며칠 앞둔 날에는 한 노르웨이 출신 입양인이 고시원에서 고독사한 상태로 발견됐다. 그는 친생부모를 찾기 위해 5년 전 한국으로 돌아와 자신이 입양 보내지기 전에 있었던 고아원이 위치한 지방 소도시에 머물고 있었다. 2017년 마지막 날에는 한국으로 돌아와 친생가족을 만난 미국 입양인이 투신자살했다.

그리고 2019년 이 책의 원고를 마감하고 책 출간을 기다리던 중에 우리는 호주에서 또 한 명의 입양인이 자살했다는 소식을 들었다. 얼마나 많은 입양인들이 성인이 된 후 한국에 돌아와 장단기로 거주하거나 추방된 상태로 머물고 있는지, 공식적으로 파악할 수 있는 방법은 없다. 다만 이제 30~40대에 이른, 1970~1980년대에 외국으로 대거 입양된 한국 출신 일부 입양인들이 극단적 비극으로 내몰리는 현실을 우리는 목격할 뿐이다. 이는 입양 당시는 물론 입양 이후의 삶이 결코 평탄치 않았음을, 그럼에도 그 모든 과정을 거쳐 생존해온 입양인들 중 일부가 한국으로 돌아와 오히려 자신들의 삶을 절망하게 됐음을 방증한다.

다음은 2017년 마지막 날 극단적 선택을 한 미국 입양인 폴(가명)의 삶 일부를 증언하는 글이다. 글쓴이 제인 정 트렌카는 한국에 돌아와 십여 년째 살고 있는 입양인이며,《피의 언어》《덧없는 환영》 등의 책을 쓴 저자이기도 하다. 폴의 친구였던 제인은 폴의 생전, 그리고 사후에 들은 이야기를 바탕으로 이 글을 썼다. 본문과 달리 에세이 형식으로 쓰인 이 글이 자살이라는 다소 무거운 사안, 또한 이를 목격하고 증언하는 입양인의 절망에 가까운 슬픔이 독자들을 불편하게 할 수도 있을 것이다. 하지만 이 글이 국제입양이 입양인 개인의 삶에서 어떤 '연속성'을 갖는 사건이라는 것을 보여주고, 최근 국제입양의 숫자가 줄었다는 이유로 국제입양 문제를 과거의 일로 치부하거나 상당 부분 해소되었다고 보는 시각의 문제점을 짚어낼 수 있다고 판단해, 영어로 쓰인 에세이를 두 명의 공저자(전홍기혜, 이경은)가 번역했다.

매일 밤 세 살짜리 딸을 재우려고 잠자리에 누워 눈을 감는다. 꿈속에서 나는 폴을 품에 안은 채 추락한다. 때는 새해 전날 아침이며, 항상 새해 전날 아침일 것이다. 슬픈 표정을 한 그는 오랫동안 아무 말도 하지 않는다. 그의 검붉은 긴 머리카락은, 시체보관소에서 보았던 것처럼 이마와 관자놀이에서 흘러내리고 있다. 하지만 아직 이는 부러지지 않았고, 얼굴도 부어 있지 않았다.

폴의 이야기

"난 항상 남들이 부러워할 만한 여자들과 만났어. 집으로 데려와 부모에게 소개하면 자랑스러워할 만한 좋은 여자들! 그렇지만 결국엔 모두 헤어졌어. 왜 그런지 모르겠어."

그는 휴대전화에 사진을 가지고 있는 전 여자친구 이야기를 들려줬다. 그는 40대 중반이지만 미혼에 자녀도 없었고, 집을 소유한 적도 없었다. 하지만 그렇다고 어머니의 기대에 못 미친 것은 아니었다. 그는 몇 번 결혼할 뻔했다. 의사, 교사, 교회에서 상담교사 활동을 하며 만난 여성도 있었다. 그는 '정상'이 될 수 있었고, '정상'에 거의 근접하고 있었다.

하지만 그는 여자에게 헌신할 수 없었다. 그는 지금까지

만난 여자친구들과 대체로 4~5개월 만에 헤어졌다. 딱 한 번, 예외적으로 8개월간 만난 여자친구가 있었다.

"모든 것이 잘 돼가고 있고, 때로는 결혼 이야기가 나오기도 해. 그때쯤이면, 나도 왜 그러는지 모르지만, 그 관계를 깨뜨려. 그전까지 아무런 문제가 없었으니 그들은 무척이나 혼란스러워하고, 상처받지."

그가 죽은 후, 한국의 친생모를 통해 결혼에 대한 그의 생각을 들을 수 있었다. "나는 버려졌어요. 결혼해서 아이를 낳으면 나도 가족을 버리게 될까봐 두려워요."

그는 미국에서 공립 고등학교 수학 교사였다. '올해의 교사Best Teacher of the Year'로 뽑혀 상을 받은 적도 있었고, 연봉도 최상급 수준이었다. 하지만 한국으로 돌아오기 위해 그 좋은 직장을 그만뒀다. 그는 만 8세에 미국으로 입양된 이래로 한국 땅에 발을 디딘 적이 없다. 한국은 물론 필리핀에 가본 적도 없다. 그러나 어떤 이유에서인지 한국에서 살다가 은퇴하면 필리핀으로 갈 생각을 했다. 이런 결정을 내린 뒤, 그는 양부모, 세 명의 형제 자매와 그 가족들과 3개월간 작별의 시간을 가졌다. 또 친한 친구들과도 작별 인사를 나눴다.

나의 이야기

어느 누구의 여자도 되고 싶지 않았다. 그를 만나기 전, 나는 이미 나와 아이만을 위해 사는 '싱글 맘'으로 스스로를 규정했다. 하이힐과 미니스커트는 물론, 왕자에 의해 구출되는 공주 이야기가 나오는 딸의 동화책들도 모조리 내다버렸다.

그와 나는 '경계'의 문제를 조기에 해결했다. 나는 그에게 내가 '싱글 맘'이고 어떤 남자도 필요 없다고 말했다. 그의 바람둥이 기질도 불편하다고 털어놓았다. 그러자 그도 나를 "친구의 영역"에 놓았다고 방어적으로 말했다.

딸의 생물학적 아버지와 헤어진 직후, 나는 혼자서도 생활을 잘 꾸릴 수 있을 것이라 생각했다. 우리에게 다른 가족은 없었고, 우리가 막 이사한 인천의 작은 마을에도 친구나 아는 사람은 없었다. 그런데도 모두 괜찮을 거라고 낙관했다. 하지만 어느 날 밤 크게 아프고 난 뒤로 슬슬 걱정되기 시작했다. 나는 폴에게 이야기했다.

"내가 심장마비나 그 비슷한 일로 움직이지 못하거나 전화조차 할 수 없으면 어떻게 하지? 마흔이 넘어 아이를 갖기 전에 그런 생각을 했어야 하는데…… 아이는 혼자 전화를 할 수도, 문을 열고 나갈 수도 없어. 만약 혼자 아파트에 갇혀 하루 종일 물 한잔도 마실 수 없는 상황이면 어떻게 하지? 아이가 제대로 먹지도 못하고 내 옆에 앉아 울고 또 우는 모습이 그려져. 아이가 내 시체 옆에서 죽을지도 몰라."

폴은 이런 내 생각이 편집증적이라고 말하면서도, 충분히 현실이 될 수도 있을 것 같다며 함께 걱정해주었다.

"네가 일하는 학원 근처인 강남의 원룸에서 살 수도 있겠지만, 거긴 분명 좁고 감옥 같을 거야. 우리와 함께 좋은 집으로 이사 가는 건 어때? 내가 죽지 않았는지 네가 하루에 한 번씩 확인해주면 좋겠어."

그는 내 뜻을 받아들였고, 여행 가방 하나 분량의 짐을 싸서 우리 집으로 이사 왔다.

함께 살기 시작하다

누군가 홀로 작은 아이를 돌보며 살아간다면, 그 사람은 자기 삶을 보류할 수 없을 것이다. 자신이 사랑하는 사람이 죽은 지 다섯 달 하고도 14일 11시간 그리고 37분이 지나도 인생은 계속된다. 지구는 계속 돈다. 아무도 신경 쓰지 않는다. 그가 없어도 봄에는 벚꽃과 개나리가 핀다. 노란 민들레가 올라와 흰색으로 변한다. 수로를 가로지르는 석양도 이전과 정확히 같은 지점에 내려앉는다.

싱글 맘은 어떤 것에도 골몰할 수 없다. 그저 슬픔의 두께를 따라 움직여야 한다. 어느 누구도 대신 요리를 해주거나, 옷을 세탁해주거나, 식료품을 사주거나, 욕실 타일의 곰팡이를 씻어주거나, 생계를 해결해주지 않는다. 아이는 밥을 먹고 옷을 입어야 하며, 나는 정상적인 사람처럼 행동해야 한다. 아이 앞에서만큼은 울지 않으려고 노력한다.

"엄마는 폴이 여기에 우리와 함께 있을 수 없어서 슬퍼. 이제 폴은 천사야. 그러니 문제가 생겨서 엄마가 너와 함께 있을 수 없을 때 폴의 이름을 불러. 폴이 너와 함께 있어줄거야. 알았지?" 나는 거짓 웃음을 짓는다.

딸과 폴의 관계에는 진정성이 있었다. 그는 원래 아이들을 좋아했지만, 내 딸을 특별히 사랑했다. 딸과 폴 이야기를 했다.

"폴과 보낸 시간이 참 좋았지?"

"응. 즐거웠어." 딸아이가 말한다.

폴은 딸이 목욕할 시간에 맞춰 퇴근하곤 했다. 목욕을 마친 아이를 후드 타월로 감싸고 록키 주제곡을 부르며 아이에게 권투 펀치를 날리는 방법을 가르쳤다. 왼쪽, 오른쪽, 왼쪽, 오른쪽!

폴과 나는 아이를 함께 돌보고, 등산을 좋아하며, 백인 주민들이 대다수인 보수적인 기독교가 지배하는 농촌 지역에서 자란 입양인이라는 것 이외에는 공통점이 많지 않았다.

나는 미국의 양부모를 원망했지만, 그는 양부모를 매우 사랑했다. 그는 자신의 양부모가 자신과 다른 종교적, 문화적, 정치적 견해를 갖고 있다는 점을 제외하고는 결코 나쁘지 않다고 했다. 그의 양부모는 농촌 지역의 고등학교 농업 교사 월급으로 네 명의 자녀를 키웠다.

사라진 폴

자살하는 사람들은 이기적이다. 그는 이기적이었다. 중독자여서 이기적이었다. 중독은 사람들을 이기적으로 만든다. 만약 그에게 선택의 여지가 있었다면, 그 중독은 그저 취미가 됐을 것이다. 그는 학원 수업이 없는 토요일 오전 내내 침대에 누워 천장을 바라보며 음주와 도박을 하지 않으려 애썼다. 그가 "포커 기분"이라고 부르는 것에 끝내 굴복하고 한마디 말도 없이 밖으로 나가기 전까지 말이다.

카지노에서 그는 무제한의 공짜 맥주와 원할 때 언제든지 떠날 수 있는 사람들과의 피상적인 상호 작용을 즐겼다. 그 순간만큼은 생각하기 싫은 모든 고통들을 잊을 수 있었을 것이다. 그가 풀 수 없는 친생가족의 복잡한 사정들, 맏아들로서 정당한 자리를 상실했다는 괴로움, 친모에게 더 잘 키우겠다고 거짓말하고 자신을 데려와 결국에는 국제입양을 보내버린 계모에 대한 증오 등등. 계모는 한국으로 돌아온 그에게 서둘러 한국말을 배우라고 종용했다. 그가 한국말을 할 수 없게 된 것이 다른 누구도 아닌 자신의 잘못인데도 말이다. 그 분노와 슬픔은 모두 녹색 벨벳의 포커 테이블에서 사라졌다.

"모든 중독 중에서 도박이 가장 자살률이 높아. 넌 도움을 받아야 해."

"나 혼자 싸울 수 있도록 해줘."

"네가 스스로 할 수 있다고 생각했다면 굳이 너한테 말할 필요도 없었겠지."

나는 내가 큰 도움을 받은 심리치료사를 그에게 추천했다.

"나는 내 영혼을 고문하고 싶지 않아." 그는 말했다.

그가 한국에 대한 몇 가지 깊이 각인된 기억들을 갖고 있다는 것을 알고는 있었지만, 대수롭지 않게 생각했다. 씨와 껍질이 두꺼운 자주색 포도, 분홍 소시지, 과자…… 다른 입양인들처럼 폴도 미국으로 입양된 후 다시 경험하지 못한 몇몇 추억들을 이야기했다. 어느 날 밤에는 집 옆으로 지나가는 소독차를 보고 그 냄새를 기억했다. 그는 갑자기 친구들과 웃으며 소독차 뒤를 쫓아다니던 일, 친구들과 도망치다가 교회 건물

밖의 구석에 숨었던 일, 화가 나고 외로운 마음으로 서울 거리를 방황하던 일들을 기억에서 끄집어냈다. 서울 노량진에서 계모와 함께 살던 시절, 이런 일들은 계모가 두 아들을 낳은 뒤 폴을 한국사회봉사회를 통해 국제입양 보내는 핑계가 됐다. 그는 고아원으로 쫓겨났다. 그는 웃으며 자신이 담을 꽤나 잘 넘었고, 다른 고아 친구들도 그렇게 하도록 부추기곤 했다고 말했다.

그는 인삼차 한 상자와 함께 지구의 절반을 돌아 온통 옥수수밭뿐인 미국 농촌 지역의 가정으로 보내지고 나서야 마침내 길들여졌다. "아무 데도 갈 곳이 없어요." 도망가려다 다시 돌아온 그가 양어머니에게 한 말이었다.

그는 '서로 좋아하는 것'을 '바로 옆에 있는 것'으로 이해했다. 또한 관계의 친밀함을 '얼마나 적게 말해도 되는지'로 따졌다. 그는 상대방의 질문을 상대방이 자신을 이해하지 못한다는 의미로 받아들였다.

하지만 그에게 묻고 싶다. '도대체 왜?' 그토록 건강하고 젊은데 삶을 내던지다니! 훌륭한 직업을 가졌고, 친생가족과 재회했고, 입양 가족과의 관계도 원만하고, 더할 나위 없이 건강하고 멋진 외모를 가졌는데, 왜 건물에서 뛰어내린 거야?

그해 6월 나는 중독이 심각한 그에게 화를 냈고, 7월에 또 다시 불만을 이야기했다. 8월 말에 이르렀을 때는 더 이상 참을 수 없었다. "치료를 받든지 아니면 뿌리의집으로 들어가." 그는 뿌리의집을 선택했다.

어떻게 지내냐는 물음의 정답은 "좋아. 너는 어때?"일 것이다. 하지만 나는 이렇게 답하고 싶다. "폴이 죽었어. 뭘 기대하니? 매일 똑같아. 매일 일어나서 울고 잠자리에 들어서도 울어."

내 딸이 나를 위로하려고 애쓴다. "걱정 마. 내가 안아줄게. 내가 뽀뽀해줄게."

어느 날, 딸이 갑자기 말했다. "폴이 사라졌어."

나는 그녀에게 폴이 사라진 게 아니라 죽었고, 그건 큰일이 아니라고 말했다.

"넌 이제 수호천사를 갖게 된 거야. 멋지지?" 딸아이를 안심시키려 애썼다.

누군가의 죽음이 이렇게 큰 상처가 될지 몰랐다. 심지어 엄마가 죽었을 때도 이렇게 아프지는 않았다. 나이 든 사람이 죽는 것은 슬프지만 어느 정도 예상 가능한 일이다. 하지만 완벽하게 건강했던 40대 남성의 자살은 믿어지지 않는다.

나는 폴이 죽었다는 것을 믿기 거부했다. 폴과 내가 함께 있고, 우리 중 누구도 땅에 떨어지지 않은 것이 진짜 현실이라고 생각했다. 그러나 다른 현실에서 그의 턱은 오른쪽으로 탈

골돼 있었고, 얼굴은 퉁퉁 부은 채 입 속의 이는 부러져 있었고, 겨울 조끼에서 터져 나온 거위털들이 청바지와 검은 가죽 벨트에 전부 달라붙어 있었다.

하나의 질문, 두 개의 답

Q: 누군가를 강제로 가족과 분리해 외국으로 보내는 것을 무엇이라고 부릅니까?

A1: 강제로 보내지는 사람이 성인인 경우, 그것은 '강제 송환'입니다. 강제 이주와 가족 분리의 한 형태입니다.

A2: 강제로 보내지는 사람이 아동일 경우, 그것은 '국제입양'입니다. 사람들은 그것을 국경 없는 이상적인 세계에서 주어지는 기회로 봅니다.

Q: 누군가를 4~6개월가량 다른 사람들과 의사소통할 수 없는 상황에 처하게 하는 것을 무엇이라고 부릅니까?

A1: 그 사람이 성인인 경우, '독방 감금'입니다. 이는 독재자들이 정치적 반체제 인사들에게 사용하는 고문과 다르지 않으며, 잔인하고 비정상적인 처벌입니다.

A2: 그 사람이 아동일 경우, '제2 언어'로서의 영어ESL입니다.

그것은 사랑이라고도 종종 이야기됩니다.

Q: 누군가를 완전히 낯선 곳으로 데리고 가서 그를 자신이
   아닌 사람이 되도록 훈련시키는 상황을 무엇이라고 부릅
   니까?

A1: 그 사람이 성인인 경우, 그것은 '전체주의 국가의 재교육
    캠프'입니다.

A2: 그 사람이 아동인 경우, 그것은 '위대한 나라로의 국제입
    양을 통한 교육의 기회'라고 이야기됩니다.

영어 식으로 표현하자면, 그는 '자살을 완성했다'. 이 죽음
으로의 도약은 거의 40년 전에 시작된 것이다. 그것은 느리고
폭력적인 죽음이었다. 우리는 그가 너무 일찍 포기했다고 생
각하지만, 어린 시절 그런 일을 겪고도 40년간 평범하고 성공
적인 삶을 영위해왔다는 것이 오히려 놀라울 따름이다.

나는 폴의 친누나에게서 폴이 입양 보내진 뒤 7년 만에 한
국사회봉사회를 통해 그와 재회하려고 했었다는 이야기를 들
었다. 누나는 한국사회봉사회에 폴의 미국 가족에게 연락해달
라고 요청했지만, 그들은 미국 양부모들의 의사를 묻지도 않
고 이를 거부했다. 한국봉사회가 이런 결정을 내릴 법적, 도덕
적 권리를 갖고 있는가? 그들은 한국 가족과의 연락이 폴의 삶

에 어떤 변화도 주지 않는다고 판단해버린 셈이다.

폴은 알코올중독과 도박중독에 시달리게 됐고, 여성과 친밀한 관계를 유지할 수 없게 되었으며, 가족을 만들고자 하는 욕망, 혹은 실제로 가족을 만들 능력을 박탈당했다. 어떤 방식으로든 미래를 가꾸고 삶을 유지할 힘을 잃었다. 이것을 과연 그 자신이 선택한 결과라고 할 수 있을까, 아니면 아동이 경험할 수 있는 폭력을 완전히 새로운 수준으로 끌어올리는, 국제입양을 주도한 입양기관이나 정부의 선택의 결과일까?

폴을 보내며

나는 그를 내 마음에서 지키려고 노력했다. 나의 우선 순위는 딸이다. 그녀는 나를 바쁘게 한다. 하지만 그가 죽기 전날 밤 내 마음은 완전히 그에게 기울어 있었다. 나는 문을 열고 밖의 소리를 듣고 있었다. 어느 순간 그가 걸어올 것만 같았다. 그에게 전화를 하고 싶었지만 하지 않았다.

다음 날 새벽, 그가 문자를 보냈다.

"내가 너에게 준 게 사랑의 아주 작은 파편이었다는 걸 알아. 하지만 그건 내가 너에게 줄 수 있는 가장 큰 파편이었어. 제발 믿어줘. 나는 항상 너를 사랑했어."

새해 전날, 아침 9시쯤 일어나 그의 문자메시지를 받았다. 기뻤다. 과민 반응을 해서 미안하다고 그에게 문자를 보냈다. 휴대폰을 계속 확인했지만, 답은 오지 않았다. 아직 일어나지 않았겠지, 생각하고 딸에게 아침을 먹였다. 그리고 경찰이 우리 집에 왔다.

"조성준(폴의 한국 이름, 가명) 씨를 아십니까?" 경찰이 물었다.

그는 지갑에 내 주소를 남기고 죽었다.

폴, 너는 네가 알고 싶어 하던 이야기를 다 듣기도 전에 떠났어. 네가 죽고 나서 네 가족들을 만났어. 통역사를 통해 나는 그 모든 이야기를 들었어. 그들이 너에게 해줄 수 있는 그 모든 이야기를. 나는 너의 이야기를 듣기도 하고, 또 그들에게 네 이야기를 해주기도 했어. 너희 아버지가 계모 때문에 어머니와 누나와 너를 두고 떠났을 때, 어머니와 이모가 너와 누나를 함께 돌보았다는 것을 알고 있었니? 나와 네 어머니를 제주도 해변으로 데려가 네 유골을 바다에 뿌릴 수 있도록 한 사람도 너의 멋진 이모야. 어머니는 가파른 검은 바위를 가로질러 바닷가로 내려갔어. 바닷물이 너를 만나 감싸주었어. 너는 물속에 잠겨 바람으로 응축되고, 안개가 되고, 네 어머니가 일하는 감귤 과수원을 적시는 비가 되겠지. 내가 들이마시는 이 공

기에도 네가 있겠지. 내 모든 호흡은 너에 대한 기억으로 가득
차 있어. 그리고 우리의 모든 기억들은 끝없는 푸른 바다처럼
펴져 나가겠지. 너는 여전히 나와 함께 있어.

아이들 파는 나라

초판 1쇄 펴낸날	2019년 7월 24일
초판 3쇄 펴낸날	2023년 4월 18일
지은이	전홍기혜·이경은·제인 정 트렌카
펴낸이	박재영
편집	이정신·임세현·한의영
마케팅	신연경
디자인	조하늘
제작	제이오
펴낸곳	도서출판 오월의봄
주소	경기도 파주시 회동길 363-15 201호
등록	제406-2010-000111호
전화	070-7704-2131
팩스	0505-300-0518
이메일	maybook05@naver.com
트위터	@oohbom
블로그	blog.naver.com/maybook05
페이스북	facebook.com/maybook05
인스타그램	instagram.com/maybooks_05

ISBN	979-11-87373-93-3 03300

만든 사람들

책임편집	임세현
디자인	조하늘